La gestion administrative étude théorique de droit administratif

Maurice Hauriou

Paris, 1899

© 2025, Maurice Hauriou (domaine public)
Édition : BoD · Books on Demand, 31 avenue Saint-Rémy, 57600 Forbach, bod@bod.fr
Impression : Libri Plureos GmbH, Friedensallee 273, 22763 Hamburg (Allemagne)
ISBN : 978-2-3225-7129-1
Dépôt légal : Mars 2025

LA
GESTION ADMINISTRATIVE

ÉTUDE THÉORIQUE

DE DROIT ADMINISTRATIF

PAR
Maurice HAURIOU
PROFESSEUR À LA FACULTÉ DE DROIT DE L'UNIVERSITÉ DE TOULOUSE

TABLE DES MATIÈRES

Avertissement

§ 1. La notion de la gestion administrative

§ 2. La gestion et le contentieux de la pleine juridiction

§ 3. Les caractères juridiques de la gestion

AVERTISSEMENT

On a souvent défini le Droit administratif « celui qui règle les rapports de l'administration et des administrés », et l'on a eu tort de ne pas s'arrêter uniquement à cette définition. L'expression « rapports » a paru trop vague. On n'a pas songé qu'il s'agissait sans doute de « rapports sociaux » et, qu'en effet, il pourrait bien exister entre l'administration et les administrés « une certaine forme de société ».

Il n'y a aucune difficulté à envisager sous cet aspect les relations administratives. L'administration se ramène à l'activité d'un certain nombre de personnes morales, l'État, les départements, les communes, les établissements publics ; cette activité est mêlée à la nôtre, elle a pour objet l'exécution de services publics qui sont pour notre bien. Ces êtres moraux par leur police veillent sur notre sécurité, sur notre repos, sur notre santé ; par leurs travaux publics et leurs gérances diverses, ils contribuent à notre bien-être et à notre fortune ; nous vivons en eux enveloppés de leur protection et de leur grâce. Eux, de leur côté, vivent en nous, nous leur fournissons l'impôt de l'argent et celui du sang et toutes sortes d'obéissances ; bien mieux, par le régime électoral nous contribuons à constituer leurs éléments organiques. Comment qualifier cette union étroite entre des êtres, cet échange de services, si ce n'est du nom de société ?

Certes, on prend par là le contrepied du paradoxe économique qui considère les gouvernements et les administrations comme des organes improductifs et parasitaires, comme des formes redoutables de l'exploitation de l'homme par l'homme. Mais on est revenu depuis longtemps de ce paradoxe. Vrai, peut-être, des administrations rudimentaires ou de celles qui suivent les annexions violentes et les colonisations lointaines, il ne l'est point des administrations des grands États modernes. Elles ont leurs imperfections, mais dans l'ensemble elles sont orientées vers le bien public, par conséquent, leurs efforts convergent avec ceux des administrés et de cette action parallèle il peut naître une société. D'ailleurs, si cette société paisible ne s'était pas établie, si l'administration avait conservé l'attitude d'un oppresseur et l'administré celle d'un réfractaire, comment les services publics auraient-ils pu s'étendre continuellement, aborder des opérations de plus en plus délicates dont l'exécution régulière demande la bonne volonté de l'administré autant que celle du fonctionnaire ?

Nul doute donc qu'elle n'existe cette société entre les administrés et l'être moral administratif et qu'elle ne devienne de jour en jour plus intime ; nul doute qu'elle ne tende à constituer la base des droits réciproques de la puissance publique et des citoyens qui, à d'autres époques, ont pu se réclamer d'autres fondements. Toutefois, pour faire entrer d'une façon profitable cette idée dans la science du droit, il importait de saisir en un point précis la formation de cet état de société spécial et de grouper autour de ce fait un nombre suffisant de théories juridiques.

J'ai choisi, à cet effet, la théorie de la gestion administrative, c'est-à-dire, de l'exécution des services publics. Je crois avoir démontré qu'il s'établit dans la gestion, d'une façon nécessaire, une collaboration entre l'administration et le milieu administrable. D'une part, des vérités scientifiques qui trouvent leur application en matière sociale nous enseignent que tout travail est coopératif, or, l'exécution des services publics est le résultat du travail de la puissance publique. D'autre part, des analyses minutieuses confirment qu'en effet, dans tous les cas de gestion, on découvre une coopération. Le fonctionnaire, le fournisseur, l'entrepreneur, le contribuable, le conscrit, le simple administré sont, en des occasions innombrables, des collaborateurs de l'administration. A côté de la Puissance publique qui commande, apparaît celle qui gère la vaste entreprise coopérative des services publics ; dans la gestion administrative, le caractère coopératif se révèle avec la même évidence que dans la production économique ; il explique une forme de société très étroite, la naissance de droits subjectifs des administrés et la création d'un contentieux de la pleine juridiction qui est le plus large qui puisse exister entre l'administré et l'administration.

Je n'insisterai pas sur les conséquences diverses de cette théorie de la gestion, je les ai suffisamment développées dans le corps du travail. J'observerai seulement qu'elle se recommande par deux avantages principaux.

Le premier est qu'elle peut mettre fin à la crise que subit le Droit administratif français. Depuis un certain nombre d'années l'axe de celui-ci s'était déplacé ; il avait abandonné les régions où s'exécutent les services publics pour se porter vers celles où s'élaborent les décisions de principe de la puissance publique ; en d'autres termes, il avait incliné vers l'acte de puissance publique et le contentieux de l'annulation, désertant le contentieux de la pleine juridiction ; la théorie de la gestion permettra, je crois, de revenir à une situation plus normale, car il n'est pas naturel que ce qu'il y a de plus réel dans l'administration, l'exécution des services publics, n'occupe pas la place principale dans le Droit administratif.

Un second avantage, corollaire du premier, est que le Droit administratif une fois solidement établi dans la gestion et dans le contentieux de la pleine juridiction comme dans son élément propre, la jurisprudence et la doctrine pourront travailler à réduire le domaine du contentieux de l'annulation au profit du contentieux de la pleine juridiction en développant constamment le point de vue de la gestion ; de la sorte, le Droit administratif enrichira la liste des droits acquis des administrés et augmentera leur efficacité, ce qui, après le bon fonctionnement des services publics, est le bénéfice le plus appréciable que l'on doive attendre de la société contractée avec l'administration.

§ 1. — **La notion de la gestion administrative.**

Le besoin de grouper systématiquement certains faits administratifs autour de l'idée de gestion s'est manifesté à une époque relativement récente. Il est né de constatations faites au cours d'études approfondies sur la théorie des actes d'administration et sur celle des actions en indemnité contre l'État. On a été amené à distinguer les actes d'administration en actes d'autorité et en actes de gestion[1] ; on s'est aperçu aussi que si la jurisprudence accorde des indemnités pour les préjudices causés dans la gestion administrative, elle refuse d'en allouer pour ceux qui sont la conséquence d'actes d'autorité[2] ; de là on a conclu qu'il existe deux modes d'activité de l'administration, l'un qui est la voie d'autorité, l'autre qui est la voie de gestion. Distinction d'autant plus intéressante que le contentieux de l'annulation semble attaché aux actes d'autorité, tandis que celui de la pleine juridiction serait réservé aux actes et aux situations de gestion[3].

Mais il y a eu jusqu'ici plutôt une tendance instinctive de la jurisprudence et de la doctrine à créer une catégorie de la gestion, qu'un effort raisonné pour en organiser la théorie. Aucune monographie n'en a été tentée. La notion même et la définition en sont restées flottantes.

Tout d'abord on a été frappé de cette considération que la voie d'autorité et la gestion se partagent l'action administrative ; on a pensé dès lors qu'il suffirait de déterminer directement l'une des deux voies, l'autre se trouvant définie par là-même et *a contrario*. La voie d'autorité a quelque chose de facilement saisissable, on a cherché en elle le point de départ, on a dit : il y a commandement ou il n'y a pas commandement, lorsqu'il n'y a pas commandement il y a gestion. Écoutons M. Laferrière : « L'administration est dépositaire d'une part d'autorité, de puissance, qui est un des attributs du pouvoir exécutif. Elle est chargée de faire exécuter les lois, d'édicter les prescriptions secondaires destinées à assurer leur application, de régler la marche des services publics et de procurer aux citoyens les avantages d'une bonne police ; elle intervient par voie de prescriptions générales ou individuelles, d'injonctions ou de défenses ; l'administration agit alors comme autorité, comme puissance et ses actes sont dits actes de commandement ou de puissance publique » [4]. Et maintenant la gestion administrative comprendra les cas où l'administration n'agit pas comme autorité et où les actes ne sont pas de commandement ; c'est ce que nous enseigne M. Michoud « Dans la commune, comme dans l'État, il faut distinguer les actes de gestion et les actes d'autorité. Les premiers sont ceux dans lesquels le représentant de la commune n'exerce pas la puissance publique qui lui appartient, ils comprennent… tous les actes dans lesquels il n'y a ni infraction, ni prohibition, ni autorisation de police » [5].

Toutefois, les mêmes auteurs qui nous donnaient ainsi une notion purement négative de la gestion administrative sentaient les inconvénients de ce procédé et cherchaient à mieux faire. Il leur sembla d'abord que d'une façon positive l'administration de la fortune de l'Etat pouvait être considérée comme constitutive de la gestion. C'est la première idée à laquelle s'était arrêté M. Laferrière dans un passage dont nous avons cité plus haut un fragment et que nous complétons : « L'autorité administrative est chargée de veiller à la gestion de la fortune publique et à son emploi, d'assurer la perception des revenus de toute nature destinés à pourvoir aux charges communes et leur affectation aux services publics. Les actes qu'elle accomplit pour remplir cette mission sont ceux que l'on appelle actes de gestion » [6].

L'idée n'était point fausse, si, peut-être, elle était étroite ; il y a longtemps que le langage de la comptabilité publique qualifie de *gestion* l'exécution par les comptables des opérations financières[7] ; d'un autre côté, il se dessine facilement dans l'esprit une opposition entre l'administration obtenue par des moyens de police et celle qui est obtenue par des moyens d'argent. Mais, à la réflexion, on devait se demander si les opérations financières, ou même si les actes d'administration patrimoniale, épuisaient réellement tous les cas où l'administration n'agit point par voie d'autorité ; si par conséquent la notion positive de la gestion que l'on proposait, tenait toute la place laissée libre par l'absence de la voie de commandement. M. Laferrière lui-même semble avoir éprouvé des doutes, car dans d'autres passages il arrive à une conception plus large « les actes de gestion sont ceux que l'administration accomplit en qualité de gérant et d'intendant des *services publics* ». « Il y a des actes de gestion faits en vue des services publics »[8]. La différence est grande, il ne s'agit plus seulement d'une intendance financière, mais d'une intendance des services publics. Toutefois l'auteur qui a le plus nettement élargi la notion de la gestion au delà de l'administration patrimoniale est M. Michoud. Il note à plusieurs reprises que les actes de gestion peuvent consister en l'exécution d'un service public[9].

Ainsi la gestion serait l'exécution même des services publics, qu'elle soit ou non assurée par des moyens financiers ou patrimoniaux. On entrevoit ici une idée nouvelle qui tout de suite frappe par sa justesse, c'est que l'administration apparaît tantôt comme un pouvoir qui s'affirme, tantôt comme un service, c'est-à-dire un travail, qui s'accomplit.

On pourrait dire qu'elle a tantôt un aspect politique, tantôt un aspect économique, s'il était vrai que l'exécution des services publics eût pour but unique le développement de la richesse. La gestion serait alors, en un sens large, « l'administration économique du pays » ; non plus celle qui emploie comme moyen la manutention de la fortune patrimoniale de l'État, mais celle qui a pour but le développement général de la fortune publique par le bon fonctionnement des services, par une bonne police, une bonne justice, une bonne instruction publique, une bonne diplomatie, aussi bien que par de bonnes finances. Mais bien que notre état social soit, de plus, fondé sur la richesse, bien que la chose publique nous apparaisse, de plus en plus, comme une entreprise nationale, de commerce, d'industrie et de finance, je ne crois pas qu'en réalité le travail d'exécution des services publics produise uniquement un résultat économique. Je crois qu'il contribue aussi, par la centralisation qu'il crée, à constituer et à maintenir l'unité politique du pays. Je me contente donc d'avoir indiqué un rapprochement possible pour mieux faire comprendre ma pensée, mais je n'insiste pas et je reviens simplement à cette proposition : il y a dans l'administration, tantôt un pouvoir qui s'affirme, tantôt un travail qui s'accomplit.

Cette proposition, quoique frappante, ne nous fournit cependant ni un critérium sensible qui nous permette de discerner en fait les actes de gestion, ni une explication des effets juridiques de la gestion. Dans quels cas les actes de l'administration doivent-ils être vus plutôt du côté du travail qui s'exécute que de la puissance qui s'affirme ? Et, d'autre part, pourquoi, lorsque le point de vue de la gestion domine, existe-t-il un contentieux de pleine juridiction, c'est-à-dire un contentieux plus large que celui relatif aux actes d'autorité ? nous n'en savons rien encore.

On pourrait être tenté de s'arrêter à cette explication : le travail administratif est dans l'intérêt des administrés, voilà pourquoi il y a un contentieux large, l'exercice de la puissance publique est dans l'intérêt de la puissance publique elle-même, voilà pourquoi il n'y a qu'un contentieux étroit. Cela n'est point tout à fait faux, cela est une façon d'interpréter les effets de la gestion, mais cela ne fait que reculer la difficulté et ne nous fournit toujours pas la réponse à cette question capitale, primordiale : quand y a-t-il plutôt travail administratif qu'exercice de la puissance, c'est-à-dire quand y a-t-il situation de gestion ou acte de gestion ? Quel est le criterium de l'administration qui travaille ?

J'avoue avoir été mis sur la voie de la solution par des études d'ordre général, qui n'ont rien de spécialement administratif. Si l'on envisage la puissance publique comme une force sociale, ce qui est légitime, on est conduit à distinguer deux états de cette force, l'état de repos et celui de mouvement. L'état de repos, ou plus exactement, de puissance, n'est pas exclusif de tout acte, il se manifeste au contraire très bien dans l'acte de commandement, dans le *jussus* ; l'état de mouvement, de son côté, est tout simplement celui où s'accomplit le travail administratif, une force en mouvement est une force en travail. Or, il est un phénomène remarquable dans les forces sociales en mouvement et en travail, c'est que leur travail s'accomplit *avec la collaboration du milieu*. Je n'ai pas à développer ici cette proposition dans sa généralité, je n'ai pas davantage à détailler les analogies qui permettent de soupçonner cette collaboration du milieu dans toute production de travail mécanique[10], j'ai seulement à démontrer sa réalité en matière de gestion administrative. J'avance, sauf à le prouver, que le criterium de la gestion administrative est la collaboration des administrés à l'action administrative, parce que cette collaboration est signe de l'accomplissement du travail d'exécution des services publics[11].

On sent tout de suite la réalité de cette collaboration du milieu administrable à l'action administrative ; on voit bien qu'il y a des cas où la volonté de l'administrateur tend à s'imposer par sa seule énergie, qu'il en est d'autres au contraire où elle est accompagnée d'un concours de volontés qui facilite sa tâche ; on s'aperçoit que la volonté administrative, après s'être affirmée dans une décision de principe qui est un acte d'autorité, ne s'exécute réellement et n'entre dans le travail administratif que lorsqu'elle a ensuite engendré un acte de gestion grâce à quelque collaboration[12] ; on entrevoit aussi que cette différence dans les circonstances de l'acte est de nature à entraîner des différences dans ses effets juridiques, car les relations de commandement ou de subordination ne sont point les mêmes que celles de coopération[13] ; mais il est besoin de s'éclairer et de se convaincre par de multiples analyses, qui sans doute révéleront des aspects intéressants des institutions administratives et provoqueront des réflexions utiles.

Il convient, dans la revue assez longue d'hypothèses diverses que nous allons entreprendre, de distinguer entre la *situation de gestion* qui se crée par l'exécution même du service public, qui produit des effets juridiques notamment en matière d'action en indemnité pour préjudice causé, et l'*acte de gestion* qui est un acte d'administration séparé, constituant par lui-même un fait de gestion.

1. Pour que la situation de gestion établie par l'exécution du service public se révèle à nous sous la forme d'une collaboration, il faut introduire l'élément du temps ou de la durée. Il s'agit, en effet, d'une collaboration de fait qui ne peut s'établir qu'en fait[14] et par l'habitude, qui d'ailleurs, n'est nécessaire au travail administratif qu'autant que celui-ci doit être régulier et durable. La gestion d'un service public, c'est l'exécution prolongée et continue du service. La comptabilité publique a sur ce point des notions d'une précision remarquable : « Les services financier s'exécutent dans des périodes de temps dites de gestion et d'exercice. — La gestion embrasse l'ensemble des actes d'un comptable, soit pendant l'année, soit pendant la durée de ses fonctions — l'exercice est la période d'exécution des services d'un budget » (D. 31 mai 1862, art. 2-4). Partout l'idée de durée et de période de temps[15].

La situation de gestion peut d'ailleurs s'établir par la collaboration de la volonté administrative avec des éléments différents du milieu, les administrés proprement dits ou les fonctionnaires.

1° Dans une administration régulièrement ordonnée, les fonctionnaires de carrière deviennent des collaborateurs de la volonté administrative, ils coopèrent au fonctionnement général de la machine. Le fonctionnaire qui, à certains égards, au point de vue de la hiérarchie et de la discipline nécessaires, est un subordonné, qui, au point de vue de la délégation de la puissance publique dans un acte déterminé, est un instrument ; le même fonctionnaire, envisagé dans l'habitude et la régularité de sa fonction, est un collaborateur de la puissance publique, et, comme on dit, « un vieux serviteur ». De là le caractère particulier de la situation personnelle du fonctionnaire. Il n'est point, ainsi qu'on l'a prétendu longtemps, dans une situation contractuelle vis-à-vis de l'administration[16] ; il est bien dans une situation purement légale ou réglementaire ; il est, en vertu de la nomination acte de puissance publique, concessionnaire d'une fonction publique dans des conditions déterminées par les statuts de cette fonction, qui est en soi chose domaniale, inaliénable et imprescriptible[17] ; mais en même temps en sa qualité de collaborateur il est dans une situation de gestion. Cela lui permet d'acquérir certains droits protégés par un contentieux de pleine juridiction, par exemple le droit au traitement pour les services faits et le droit à pension. S'il est révoqué et s'il introduit une demande en indemnité, cela fait que le contentieux créé sur cette demande est de pleine juridiction (C. E., *Cadot*, 13 déc. 1889 ; *Drancey*, 28 mars 1890 ; *Wottling*, 29 avr. 1892)[18]. Enfin, si des garanties lui sont concédées par la législation contre le déplacement ou la révocation, cela fait que ces garanties lui constituent un *état* et lui confèrent sur tel ou tel élément de sa fonction une sorte de propriété (propriété du grade de l'officier, du siège du magistrat, de la chaire du professeur, de l'office ministériel, etc.).

Cette idée profondément juste que le fonctionnaire est dans une situation de gestion n'a pas produit encore, à mon avis, tous ses effets logiques, sans doute parce qu'elle n'était pas complètement dégagée. Je serais heureux que l'un des premiers résultats de l'établissement d'une théorie raisonnée de la gestion fût l'amélioration de la condition si précaire du fonctionnaire français. Notamment, dans le cas de révocation intempestive ou injuste, je crois que le juge administratif pourrait accorder des indemnités, non pas en se fondant sur l'art. 1780, C. civ., parce qu'il n'y a pas contrat de louage de services, mais en invoquant l'idée de collaboration et de gestion. Déjà un pas a été fait dans cette voie, puisque les arrêts *Cadot* et suivants ont déclaré le recours recevable, mais la recevabilité ne suffit pas, il faut la réussite au fond. Le juge administratif s'est saisi de l'instrument, il a manié le contentieux de pleine juridiction, il faut maintenant qu'il l'utilise et qu'il serve « aux vieux serviteurs » autre chose que des noix creuses. De l'indemnité de révocation il pourrait ultérieurement passer à l'indemnité de déplacement[19].

2° La situation de collaboration et par conséquent de gestion s'établit en second lieu vis-à-vis des administrés et cela dans des hypothèses multiples :

A. Il est certain, d'abord, qu'aucun service administratif continu ne saurait fonctionner régulièrement sans le concours du public. C'est pour cela qu'une administration compliquée n'est possible qu'à un degré de civilisation assez avancé pour que l'ensemble des individus comprenne l'utilité des services et se plie spontanément à leurs exigences. On peut exprimer la chose en disant que la marche d'une administration complexe exige un grand respect de la légalité. C'est la même idée sous une autre forme, car l'obéissance volontaire à la loi est encore une façon de coopération à l'ordre public. Mais si le concours du public facilite la tâche de l'administration, en retour il impose à celle-ci des obligations. Cette habitude que les administrés ont prise du service public est basée sur la croyance qu'ils ont que ce service est convenablement surveillé, il s'établit une mutuelle confiance, une *bona fides*. L'administration compte sur la bonne volonté de l'administré, l'administré, de son côté, compte sur le zèle et la diligence de l'administration. Il ne faut pas que cette confiance de l'administré soit déçue. Là est la base première de l'obligation d'indemnité qui naît à la charge de l'administration au cas d'accident dans le fonctionnement du service[20].

Cette obligation se réalise, à mon avis, sous la forme d'une assurance contre le risque administratif, non pas du tout par la théorie des fautes ni par le principe de la responsabilité du commettant ; en effet l'obligation est très large, elle embrasse tous les accidents et non pas seulement les préjudices qui proviennent de fautes[21].

Quoi qu'il en soit, la jurisprudence administrative accorde ou refuse l'indemnité suivant que le fait dommageable peut ou non être rattaché à l'exécution des services, à la gestion et, finalement, suivant qu'on peut ou non admettre qu'en l'administré il touche un collaborateur.

Lorsque par exemple un particulier confie à un ministre plénipotentiaire le dossier d'une affaire en vue de réclamations à présenter à un gouvernement étranger ; en tant que le fonctionnaire prend la garde du dossier, il s'établit une situation de gestion, parce que le particulier n'a fait que procurer au service diplomatique l'occasion de fonctionner et par conséquent a coopéré à son fonctionnement, si donc le dossier est égaré il y a obligation d'indemnité ; mais, en tant que le ministre plénipotentiaire soutiendra ou renoncera à soutenir la réclamation du national, il y a acte d'autorité, ici la puissance publique n'accepte plus la collaboration, elle agit seule et quelle que soit sa décision, quelles qu'en soient les conséquences préjudiciables, il n'y a pas lieu à indemnité. Le service a fonctionné par la collaboration, mais la décision à laquelle il a abouti reste en dehors de ce fonctionnement et de cette collaboration[22].

Certes, dans ces matières, la distinction des cas où il y aura gestion de ceux où il y aura acte d'autorité sera fine et délicate, mais je crois qu'elle sera beaucoup facilitée par le criterium de la collaboration. Ainsi, dans les services de la police d'État il n'est pas admis en principe par la jurisprudence qu'il y ait lieu à indemnité pour l'accident administratif, le conseil d'État part évidemment de cette idée que la mesure de police est en dehors du fonctionnement des services et de la collaboration[23]. Pourtant il est des cas où, par exception, des indemnités sont accordées, par exemple pour avaries survenues aux navires dans les manœuvres commandées par les officiers de port[24]. C'est que dans cette police toute spéciale il y a collaboration continuelle pour la manutention du port entre l'officier du port, les pilotes, les patrons ou les capitaines des navires. Ici le signe de la collaboration apparaît bien nettement.

Quelquefois la jurisprudence n'oserait pas, à elle seule, passer du point de vue de l'acte de puissance à celui du travail exécuté, elle n'oserait pas attacher à l'élément de collaboration toute la valeur qu'il a peut-être, c'est la loi qui franchit le pas. Tel est le cas de la loi du 8 juin 1895 qui a accordé une indemnité à la victime de l'erreur judiciaire lorsqu'après condamnation elle a été reconnue innocente ; jusqu'à cette loi l'erreur judiciaire avait été rattachée à la sentence, acte qui est évidemment d'autorité et de puissance publique, désormais, dans ce cas particulier, et dans celui-là seul, elle doit être envisagée comme rattachée au travail du service de la justice. L'erreur judiciaire survient dans une situation de gestion, de là l'indemnité. Mais pouvons-nous dire qu'il y ait collaboration du milieu administrable au service de la justice ? Certes et de plusieurs façons. Tous par notre confiance en l'habileté et en l'impartialité des magistrats, nous contribuons à l'autorité de la chose jugée. Dans les instructions criminelles, les témoins concourent à la recherche de la vérité ; la Presse y participe quelquefois ;

l'inculpé lui-même y contribue, puisque notre législation admet l'interrogatoire de l'accusé. A ce point de vue, l'œuvre judiciaire est bien en collaboration, il ne s'agissait que d'oser s'y placer.

Ces exemples ne sont pas pour épuiser la matière des actions en indemnité qui est immense, mais pour faire saisir la commodité du critérium de la collaboration qui est extrêmement souple et se plie admirablement au progrès des mœurs en révélant graduellement derrière les actes de puissance publique qui le masquent, le fait du travail d'un service administratif.

B. La situation de gestion ne protège pas seulement par des indemnités contre les accidents administratifs les droits civils ou les droits individuels des administrés, elle garantit aussi des avantages purement administratifs qui par là se trouvent transformés en des sortes de droits ; ces avantages se rencontrent soit dans la matière des concessions sur le domaine public, soit dans les rapport de la propriété et de la police administrative. Il y a pour les révéler un réactif admirable qui est le dommage résultant des travaux publics. Ces droits administratifs *sui generis* produisent quelquefois d'autres effets, mais à tout le moins, ils doivent produire celui-ci : si une atteinte y est portée par une opération des travaux publics, cette atteinte doit constituer un dommage. Il est de principe en effet qu'il n'y a dommage résultant de travaux publics que si une atteinte a été portée à un droit acquis, non à un simple avantage précaire, mais il suffit que le droit acquis soit de nature administrative, il n'est point nécessaire qu'il soit de nature civile ; comme l'opération de travaux publics est destinée à produire une plus-value dont tout le monde profitera, l'équité y devient très chatouilleuse et l'on ne saurait souffrir le moindre désavantage supporté par un particulier dans une occasion où tout le monde doit trouver son avantage.

Dans la revue de ces droits administratifs *sui generis* à laquelle nous allons procéder, nous entremêlerons parfois ce qui devrait être avec ce qui est, afin de montrer par les réformes désirables auxquelles elle pourrait aider, que la théorie de la gestion est destinée à devenir un principe de progrès pour le droit administratif.

a) Il a toujours été admis que les riverains des voies publiques ont pour leurs maisons des droits de vue et d'accès, mais ces *aisances de voirie* ne sont point de nature civile quoi qu'on l'ait prétendu d'abord[25] ; ce sont des droits administratifs provenant d'une situation de gestion. La notion de voie publique est complexe, la voie est pour la circulation, mais elle est aussi pour les accès, sans lesquels la circulation ne pourrait pas s'amorcer ; les maisons qui se bâtissent le long de la voie viennent donc coopérer à celle-ci en établissant des accès ; d'autre part, ces maisons ne sauraient s'établir sans des vues qui, d'ailleurs, donnent à la voie de l'animation et de la physionomie ; enfin il se conclut réellement entre l'administration et le riverain qui bâtit une sorte d'accord consacré par la délivrance des alignements. Cette collaboration est évidente dans les rues des villes, car la rue ne se conçoit pas sans maisons[26]. De là, très logiquement, si une opération de travaux publics vient supprimer les accès ou les vues des maisons en bordure de la voie publique, un dommage, une indemnité due et un contentieux de pleine juridiction[27].

b) Si l'utilisation hydraulique des cours d'eaux navigables et flottables était bien comprise, s'ils nous paraissaient affectés par leur domanialité même au service des irrigations et des forces motrices et non pas seulement à celui de la navigation, les concessions de prise d'eau seraient considérées comme créant des situations de gestion ; les arrosants ou les usiniers, au lieu d'être des concessionnaires à titre privatif et précaire, deviendraient les collaborateurs d'un service public. La situation de ces concessionnaires serait singulièrement améliorée, la prise d'eau ne pourrait plus être modifiée ou supprimée sans indemnité par des travaux publics, il y aurait *dommage aux usines*. La chose n'est pas inconcevable puisqu'aux colonies la domanialité publique s'étend à tous les cours d'eau, même à ceux qui n'étant point navigables ne peuvent servir qu'aux irrigations et aux prises d'eau pour force motrice. Pourquoi le service des prises d'eau impliqué dans la domanialité publique aux colonies n'y eût-il pas été impliqué aussi dans la métropole ? Malheureusement l'art. 45 de la loi du 8 avril 1898 est venu créer un obstacle légal à une évolution de jurisprudence qui, sans lui, eût été possible, il déclare que les prises d'eau sur les rivières navigables et flottables peuvent toujours être supprimées ou modifiées sans indemnité (même dans le cas de dommages résultant de travaux publics)[28].

c) Mais si la condition des prises d'eau sur les cours d'eau navigables et flottables reste précaire, il n'en est pas de même de celles établies sur les cours d'eaux non navigables et non flottables ; ici s'établit, entre l'administration qui autorise l'ouvrage et le riverain qui le construit, la situation de gestion, parce que la police administrative sur les petits cours d'eau doit être dirigée vers la meilleure utilisation des eaux, parce qu'elle doit « concilier les intérêts de l'agriculture et de l'industrie » (L. 8 avril 1898, art. 9), et que les riverains en établissant des prises d'eau, en vertu d'ailleurs d'un droit d'usage de nature civile qui leur est propre (art. 644, C. civ.), vont dans le sens même de la police, ils collaborent. Aussi, si des dommages sont causés aux usines ou aux prises d'eau par des travaux publics accomplis en rivière, il y a indemnité (jurisprudence constante, art. 14, *in fine*, L. 8 avril 1898). Et même, dans les cas où les prises d'eau sont révoquées ou modifiées par mesure de police, il existe un recours administratif aboutissant à un décret rendu en Conseil d'État qui, sans être encore du contentieux de pleine juridiction, a quelque chose de plus large que le recours contentieux en annulation qui d'ailleurs subsiste provisoirement (art. 13, *eod.*). Les autorisations d'ouvrages donnent lieu aux mêmes recours[29].

d) Ainsi, d'une façon générale, la situation de gestion peut s'établir toutes les fois que l'activité d'un administré ou son mode de jouissance s'exercent dans le même sens qu'une police de l'État ou qu'une utilisation du domaine public.

Dans la matière des concessions sur le domaine public, cette idée est créatrice de distinctions et de catégories très précieuses. Il y a des concessionnaires qui n'occupent le domaine que dans leur intérêt privatif et sans collaborer à aucun service public, ceux-là sont dans une situation de puissance publique et leur possession est précaire, tel serait le cas du jardinier qui cultiverait des salades dans les fossés d'une forteresse. Mais il est d'autres concessionnaires qui en occupant le domaine collaborent à un service public, tel est le cas, des compagnies de chemins de fer, des entrepreneurs de tramways, des entrepreneurs d'éclairage collectif ; ceux-là sont dans une situation de gestion ; il naît à leur profit des droits qu'il y a peine quelquefois à concilier avec l'inaliénabilité du domaine, bien que, finalement, subsiste toujours la limite du rachat de la concession[30].

Ainsi, tantôt la concession sur le domaine est à l'état pur, tantôt elle est compliquée de gestion. La distinction sera quelquefois délicate et il ne faudra pas toujours s'arrêter à ce fait qu'il a été passé ou non une convention ; même sans convention, la situation de gestion peut s'établir et elle serait de nature, si la jurisprudence voulait entrer dans la voie que nous lui indiquons, à produire des effets qui, à la vérité, ne seraient pas aussi pleins que ceux de la convention, mais qui seraient quand même appréciables[31].

D'un autre côté, la convention annexée à une concession n'est elle-même qu'une variété de gestion. Donc la concession sur le domaine est en soi un acte unilatéral toujours identique à lui-même, mais il intervient ou il n'intervient pas dans une situation de gestion[32].

e) Je tiens à expliquer une dernière conséquence de la situation de gestion. Ici, il ne s'agit pas d'incliner la jurisprudence à reconnaître des droits nouveaux au profit d'un concessionnaire du domaine, il s'agit au contraire d'expliquer d'une façon satisfaisante des droits très forts qu'elle admet depuis longtemps. On sait la pratique des concessions perpétuelles dans les cimetières et l'espèce de propriété funéraire que la jurisprudence en a fait sortir[33]. Le cimetière est dépendance du domaine public inaliénable et imprescriptible[34] et cette constitution de propriété semble une aliénation ; il y a contradiction, *inelegantia juris*[35]. Eh bien, la conciliation est possible par l'idée de gestion. Il faut remarquer que les familles qui demandent et obtiennent des concessions perpétuelles collaborent au service des inhumations et à l'utilisation du cimetière ; elles y concourent non seulement par les redevances qu'elles versent, mais par les monuments qu'elles édifient et qui, incontestablement, donnent au champ des morts son aspect habité, qui par suite diminuent sa désolation, lui prêtent même quelque charme et quelque poésie. Il en est de ces monuments dans nos cimetières chrétiens comme des maisons le long des voies publiques, on ne conçoit guère ceci sans cela. Dès lors, il est naturel que cette collaboration engendre des droits, une sorte de propriété, d'ailleurs très spéciale, qui ne pourra être utilisée que pour des inhumations, qui sera en somme hors du commerce et qui, si le cimetière est déplacé, ne donnera jamais droit qu'à un terrain équivalent dans le nouvel emplacement. La constitution de cette propriété ne constitue pas une aliénation car *elle va dans le sens même* de l'utilisation du domaine[36].

II. Si maintenant nous abandonnons l'hypothèse de la situation de gestion établie par la collaboration diffuse à l'exécution d'un service public, si nous nous attachons aux actes de gestion accomplis par l'administration elle-même d'une façon distincte et séparable, nous nous trouvons en présence d'une telle abondance d'exemples qu'il nous faut établir des catégories. Il y a l'acte de gestion contractuelle, l'acte de gestion pécuniaire, l'acte de gestion officieuse, l'acte de gestion forcée.

1° L'acte de gestion contractuelle est le contrat dit *administratif,* c'est-à-dire le contrat passé directement pour assurer le fonctionnement d'un service public ; il implique par lui-même la collaboration d'un entrepreneur ou d'un fournisseur au concours duquel l'administration fait appel, tels sont les marchés de travaux publics, les offres de concours en matière de travaux publics, les marchés d'éclairage au gaz, les marchés de fournitures, du moins ceux de l'État[37]. Là la collaboration et par conséquent la gestion sont évidentes ; il est inutile d'insister.

2° L'acte de gestion pécuniaire est l'acte par lequel il est statué sur une créance ou sur une dette de l'administration. Du moment qu'il y a mouvement d'argent, il y a signe de collaboration à l'action administrative, car l'argent est toujours rémunération d'un service rendu ou moyen d'obtenir un service ou dédommagement pour un accident survenu à un collaborateur dans le service. Les décisions sur des questions d'argent sont les liquidations de dettes de l'État, de traitements, de pensions[38], les arrêtés de débet ; ce sont encore les décisions rendues sur des demande d'indemnité (C. E. 13 déc. 1889, *Cadot*, etc.) ou sur des demandes de contributions budgétaires (C. E. 3 févr. 1893, *ville de Paris*).

Enfin la perception des impôts constitue une opération de gestion pécuniaire et donne lieu à des actes de gestion ; l'arrêté du préfet qui rend exécutoire le rôle des contributions directes est un acte de gestion contre lequel existe un recours contentieux de pleine juridiction[39]. L'impôt est la principale des coopérations aux services publics que fournissent les administrés et le nom de contributions publiques, aussi usité que celui d'impôts publics, est tout à fait justifié. Le contribuable est l'administré en tant que collaborateur. A l'heure actuelle l'administration s'obtient à prix d'argent, le contribuable fournit les milliards nécessaires. Les deniers publics servent à acheter la collaboration des fonctionnaires, des fournisseurs, des entrepreneurs, mais ils sont eux-mêmes le produit d'une collaboration. Le budget administratif est entre deux gestions, il sera dépensé en gestion, mais il a été alimenté aussi par une gestion. Remarquons que la collaboration du contribuable est volontaire, en partie du moins, l'impôt n'est plus le tribut levé de force, il est bien la contribution consentie et discutée par les élus de la nation[40].

3° L'acte de gestion officieuse est celui dans lequel l'administration intervient en vue d'augmenter, pour ainsi dire, l'efficacité d'une initiative individuelle à laquelle elle s'associe. A la vérité, on pourrait observer que tout service public est un bon office rendu aux initiatives individuelles ; encore est-il que cela n'apparaît point partout d'une façon actuelle, mais seulement en un certain nombre d'occasions :
a) Je signalerai d'abord certaines matières de police où, non sans surprise, nous voyons consacrés des recours contentieux de pleine juridiction ou des recours administratifs qui s'en rapprochent, alors qu'on s'attendrait seulement à des recours en annulation.

Telle est la police des établissements dangereux, insalubres et incommodes. Les arrêtés du préfet qui autorisent l'établissement ou refusent l'autorisation, bien que se présentant comme des actes de puissance publique, sont déclarés susceptibles de recours contentieux ordinaires (D. 15 octobre 1810, art. 7 et 8). On a émis beaucoup d'hypothèses au sujet de cette anomalie ; on a été jusqu'à dire que c'était de l'administration active égarée dans la juridiction[41]. On s'est généralement mépris, le juge ne fait pas là plus qu'ailleurs de l'administration active, seulement le préfet en rendant son arrêté a fait de la gestion. L'industriel et les voisins, livrés à eux-mêmes, auraient eu beaucoup de peine à accorder leurs droits, droit à la liberté du travail de l'un, droit des autres à ne pas supporter les inconvénients de voisinage exceptionnels résultant de l'établissement ; l'accord n'était possible que par la prescription de certaines précautions industrielles. Le législateur a jugé que l'administration devait offrir ses bons offices en vue de prescrire ces précautions, mais que cela ne devait point faire disparaître l'initiative ni les droits respectifs des parties en présence. C'est pourquoi les uns et les autres ont des recours contentieux ordinaires contre la décision et c'est pourquoi aussi, l'autorisation administrative étant donnée sous réserve des droits des tiers, les voisins conservent un droit à indemnité si l'établissement leur cause en réalité des dommages malgré les précautions prises[42].

De l'autorisation de l'établissement dangereux il convient de rapprocher la concession de mines. La création de cette propriété particulière est un moyen de sortir d'une situation inextricable, de donner satisfaction à l'exploitant, à l'inventeur, au propriétaire de la surface et aussi au public ; l'exploitant et l'administration s'associent dans ce but. L'exploitant, par la concession de la mine va devenir une sorte de concessionnaire de travaux publics, il en aura presque les droits et les charges, dans tous les cas, sa propriété sera d'intérêt public[43]. Les oppositions à la demande en concession donnent lieu à un contentieux qui est de pleine juridiction (art. 28, L. 21 avril 1840) ; le retrait de la concession également, s'il est prononcé (L. 27 avril 1838, art. 6 ; C. E., 13 nov. 1896, *Salarmier*).

Si l'association syndicale autorisée ne se confond pas entièrement avec l'administration, si elle est plutôt un établissement d'utilité publique, ainsi que cela est soutenu[44], sa formation devrait encore pouvoir être considérée comme une opération de gestion par bons offices, car cette association est évidemment organisée avec le concours de l'administration[45]. Une majorité de propriétaires a pris l'initiative ou s'est formée en faveur de l'initiative, elle a sollicité l'intervention de l'administration pour que la minorité récalcitrante soit contrainte d'entrer dans l'entreprise ; une fois constituée l'association sera étroitement associée à l'administration et deviendra une sorte d'entrepreneur de travaux publics ; il y a certes collaboration de la majorité de propriétaires et de l'administration et par conséquent situation de gestion ; le recours organisé par l'art. 13, L. 21 juin 1865, contre l'arrêté du préfet, pourrait et devrait être considéré comme un recours en réformation et être rapproché ainsi du contentieux de pleine juridiction ; malheureusement le D. R. du 9 mars 1894, art. 18, semble ne l'envisager que comme un recours en annulation[46].

Enfin l'art. 4, L. 21 juin 1898, sur la police rurale, fait de la démolition des bâtiments menaçant ruine une mesure de gestion ; après l'arrêté du maire, le conseil de préfecture est saisi d'un contentieux de pleine juridiction. La loi a donc vu dans l'arrêté de démolition une collaboration de l'administration. Et en effet, il faut supposer que la démolition s'impose, la décision administrative rend au propriétaire le bon office de faire cesser ses hésitations, en même temps elle lui évite d'avoir à payer des dommages-intérêts en cas d'accident ; en somme, le maire vient en aide au propriétaire dans la gestion de sa propriété.

b) Mais, incontestablement, un cas plus intéressant de la gestion par bons offices se révèle dans l'opération administrative de l'élection. Au premier abord, et si on n'envisage que les grandes élections politiques préparées par des décrets ou des arrêtés de convocation des électeurs, opérées par un bureau électoral, proclamées par une commission de recensement, on n'aperçoit que l'action administrative seule, et on ne voit pas où gît la collaboration. Mais il faut réfléchir que si l'administration dirige l'opération de l'élection, pourtant ce n'est pas elle qui nomme, que c'est au contraire les électeurs, ou si l'on veut, le Souverain ; l'administration n'intervient que pour assurer la régularité de l'élection, mais ce n'est pas elle qui l'opère, elle ne joue même pas le principal rôle.

De là cette règle du contentieux électoral, assez singulière, à savoir que l'administration peut former des réclamations contre l'élection au même titre que les électeurs ; c'est bien parce qu'elle a été un collaborateur ; aussi ne peut-elle réclamer qu'au nom de la violation de la loi, parce qu'elle n'a collaboré qu'à l'application de la loi.

Observons que c'est seulement dans l'opération finale de l'élection, dans la proclamation du résultat, que la collaboration se noue et qu'apparaît la gestion ; jusque-là les actes par lesquels l'administration a préparé l'élection, le sectionnement électoral, la convocation des électeurs, etc., ont conservé à certains égards leur physionomie individuelle d'actes de puissance publique ; en le résultat, ils deviennent les éléments d'une gestion et ils entrent dans le contentieux de pleine juridiction[47].

Que si dans les grandes élections politiques elles-mêmes on saisit la collaboration de l'administration et de l'électeur, elle se révèle encore bien mieux dans les petites élections, dans les organisations plus humbles où la réalité se montre avec plus de candeur. C'est ainsi que la loi du 29 juin 1894 sur les caisses de secours et de retraites des ouvriers mineurs, ayant prévu l'élection par les ouvriers intéressés d'un mandataire ad litem pour les différends qui naîtraient de l'exécution de la loi et qui seraient déférés aux tribunaux civils, les art. 22 et suivants du décret réglementaire du 25 juillet 1894 organisent toute une procédure d'élection surveillée par l'autorité publique[48] et qui est à la disposition des intéressés ; on saisit d'autant mieux l'office de collaboration qu'il s'agit d'une opération facultative.

c) Enfin je ramènerai à la catégorie de la gestion officieuse l'opération de travaux publics — non pas le marché de travaux publics en tant qu'il produit des effets entre l'administration et l'entrepreneur, — mais la construction de l'ouvrage public en tant qu'elle produit des effets vis-à-vis des tiers et, spécialement, des conséquences de plus-values ou d'indemnités pour dommages permanents[49]. En effet, la théorie des dommages permanents qui met à la charge de l'administration des indemnités, comme celle des plus-values qui permet au contraire de faire contribuer les particuliers aux dépenses administratives de l'opération, supposent l'une et l'autre que l'opération de travaux publics a été entreprise par l'administration en vue de produire une plus-value générale dont doivent bénéficier également tous les administrés. Ceux qui bénéficient d'une façon exceptionnelle doivent reverser, ceux qui souffrent un préjudice doivent être indemnisés d'autant plus que les autres éprouvent une plus-value[50]. Or, si les travaux publics apparaissent ici comme devant créer des plus-values aux propriétés, c'est que l'administration contribue à l'enrichissement des administrés et c'est au premier chef de la gestion par bons offices. Il n'est pas étonnant que toutes ces matières fournissent un contentieux de pleine juridiction.

4° Dans l'acte de gestion forcée, la collaboration de l'administré à l'opération administrative est obtenue par la contrainte.

Si le service militaire est basé sur la conscription, il n'en constitue pas moins une collaboration des hommes à la défense militaire du pays, seulement c'est une collaboration forcée. Dans tous les cas, il est certain que les réclamations contre l'opération du recrutement et les difficultés soulevées par les causes d'exemption ou de dispense sont jugées par les conseils de révision (art. 18, L. 15 juill. 1889) et que ce contentieux administratif spécial est de pleine juridiction (Cfr. Laferrière, *op. cit.*, I, p. 16). Le recrutement militaire est donc traité comme une matière de gestion ; quant au service militaire proprement dit, il devient matière de police parce que l'homme incorporé passe sous l'empire d'un droit purement disciplinaire.

Il est bien d'autres exemples de gestion forcée, l'occupation temporaire en matière de travaux publics, l'établissement de servitudes d'utilité publique, les réquisitions militaires, etc.

Je n'insisterai pas sur l'occupation temporaire réglée par la loi du 29 décembre 1892, ni sur les réquisitions militaires réglées par celles du 3 juillet 1877 et du 5 mars 1890, ni sur les servitudes d'utilité publique. Dans ces matières, il y a certainement collaboration forcée de la propriété à des opérations administratives. Il y a généralement des indemnités qui donnent lieu à un contentieux de pleine juridiction ; le fait que ce contentieux est tantôt administratif, tantôt judiciaire, n'a pas pour nous d'importance en ce moment ; c'est un désarroi législatif qui prouve simplement l'urgence d'une théorie générale de la gestion. S'il est quelque servitude d'utilité publique dont le nouvel établissement ne donne pas lieu à indemnité, c'est une injustice, étant donnée la théorie générale. Les injustices de ce genre sont réparées peu à peu ; c'est ainsi que la loi du 8 avril 1898 a consacré l'indemnité pour le nouvel établissement de la servitude de chemin de halage (art. 48), elle était déjà établie d'ailleurs par le décret du 22 janvier 1808. Il subsiste cependant des anomalies, par exemple la servitude de ne pas bâtir dans une certaine zone autour des forteresses ne donne lieu à aucune indemnité lorsque lors de l'établissement de la forteresse il n'y a pas de construction (V. L. 10 juillet 1891 ; L. 17 juillet 1819 ; D. 10 août 1853).

Une question plus intéressante serait celle de savoir si l'expropriation pour cause d'utilité publique n'est pas un cas de gestion forcée ; nous l'examinerons au troisième paragraphe de cette étude, à propos des conséquences de la théorie de la gestion en matière de contentieux. Nous verrons à ce moment là que par sa notion primitive l'expropriation se rattache à la gestion administrative ; tant qu'elle n'a été qu'une réquisition de la propriété avec prise de possession préalable au paiement de l'indemnité, elle est restée dans le type de la gestion, qui, ainsi que nous le verrons, réserve toujours à l'administration le privilège du *préalable* ou de l'*exécution provisoire*. Mais du jour où la législation issue de la Révolution a établi que le paiement de l'indemnité serait préalable à la prise de possession par l'administration, l'expropriation est sortie du type de la gestion, les rôles s'y sont trouvés renversés, le préalable a appartenu à la propriété. L'expropriation est devenue au contraire le type antagoniste de la gestion et c'est un fait dont nous aurons à apprécier les très importantes conséquences.

J'arrête là cette revue des cas d'application de la gestion[51].

Ces analyses quoique très incomplètes suffisent pour la vérification du criterium proposé. Dans toutes les hypothèses où l'on s'accorde à reconnaître l'existence de la gestion et où celle du contentieux de la pleine juridiction est certaine, le fait de la collaboration au travail administratif est évident. Nous le retrouvons aussi bien dans la situation de gestion créée par le fonctionnement même des services publics que dans l'acte de gestion contractuelle, dans l'acte de gestion pécuniaire, dans l'acte de gestion officieuse, dans l'acte de gestion forcée. Nous lui devons la caractéristique exacte de la situation du fonctionnaire, aussi bien que la notion vraie de l'élection. Dans d'autres hypothèses favorables, où le recours contentieux ordinaire n'existe pas, mais où l'on souhaiterait qu'il existât, par exemple dans la matière des dommages aux usines situées le long des fleuves navigables et flottables, nous découvrons que la collaboration de l'usine aux utilités publiques du domaine deviendrait le moyen d'établir ce contentieux si des textes malencontreux ne s'y opposaient. Dans des matières qui semblaient tout à fait de police et de puissance publique, comme l'autorisation des établissements insalubres, on était étonné de constater l'existence d'un contentieux de pleine juridiction, on découvre en réalité une collaboration de l'initiative privée et de l'action administrative, qui justifie le texte de la loi. Enfin on devine quantité de prolongements, de ramifications de la théorie qui permettraient d'organiser des décisions éparses, d'agencer tout ce qui dans l'action administrative n'est pas de la police pure, de transformer graduellement en contentieux de pleine juridiction une bonne partie du contentieux de l'annulation. Ainsi le criterium est vérifié et il se montre explicatif de la formation de la catégorie de la gestion, catégorie souple, insinuante, agent indéfini de progrès pour le Droit administratif.

Mais cette explication ne nous suffit pas, il nous en faut une autre. L'important de la gestion c'est l'effet principal qu'elle produit, le contentieux de la pleine juridiction. Si le criterium de la collaboration à l'action administrative a une valeur, il doit maintenant nous aider à découvrir comment se crée le contentieux de la pleine juridiction et comment naît le recours contentieux ordinaire.

<blockquote>
succession ou testament, non point par vente ou donation. — Cfr. Cass., 7 avril 1857, Dalloz, 57. I. 311 ; 9 février 1898, *Maillochon*.

pour bien des concessions sur le domaine, par une simple extension de la notion de la domanialité elle-même et par l'idée de la collaboration du concessionnaire aux services variés que représente cette domanialité.
</blockquote>

1. ⊥ V. Dareste, *La justice adm. en France*, 1re édit., 1862, p. 222 ; Gautier, *Précis des matières adm.*, 1880, t. II, p. 192 ; Ducrocq, *Cours de droit administratif*, 6e édit., 1881, t. I, n°s 111, 208, etc. ; Laferrière, *Traité de la juridiction administrative et des recours contentieux*, éditions de 1887 et de 1896, livre préliminaire, chap. I, § 1 ; livre III, chap. I, § 2 (des matières dont la compétence est interdite à l'autorité judiciaire) et tout le livre VI consacré au contentieux de l'annulation. — Répertoire de Béquet, v^o *Contentieux*, n° 215 (1891). — Mon *Précis de droit administratif*, 2e édit., 1893, p. 193. — Brémond, *La compétence administrative*, 1894, n°s 225 et s. — Mon *Précis de droit administratif*,

3ᵉ édit., 1897, p. 271 et s., 276 et s. — Ducrocq, *op. cit.*, 7ᵉ édit., 1898, t. II, nᵒˢ 423 et 427. Cfr. Dareste, *op. cit.*, 2ᵉ édit., 1898.

2. ↑ V. Laferrière, *op. cit.*, livre III, ch. IX, édit. de 1887 et de 1896. — Michoud, *De la responsabilité de l'État à raison des fautes de ses agents*, 1895 ; *De la responsabilité des communes à raison des fautes de leurs agents*, 1897.

3. ↑ Cette observation n'a été formulée bien nettement par aucun auteur. M. Laferrière dit cependant ceci dans sa deuxième édition, t. I, p. 17 : « Lorsque les actes et décisions de l'administration ont le caractère d'actes de commandement et de puissance publique, ils ne peuvent pas être révisés et réformés par la juridiction administrative ; ils ne peuvent qu'être annulés... le seul recours qui puisse être dirigé contre les actes de cette nature est le recours à fin d'annulation qui a porte le nom de recours pour excès de pouvoir. » A la p. 15 il y a comme contre-partie une énumération des principaux cas de contentieux de pleine juridiction ; ce sont tous des cas de gestion (contrats administratifs, débats sur des obligations pécuniaires de l'Etat, sur des opérations administratives qu'on ne sait comment nommer) ; il n'a manqué à M. Laferrière qu'une théorie de la gestion pour formuler lui-même explicitement l'opposition établie au texte. D'ailleurs, il faut faire grande attention pour la séparation des deux contentieux au jeu de la *fin de non-recevoir tirée du recours parallèle*, bien connue dans la matière du recours pour excès de pouvoir. En fait, le recours pour excès de pouvoir n'est jamais déclaré recevable contre un acte de gestion, parce que toujours il existe un autre recours qui est le recours contentieux ordinaire ; par là même le contentieux de l'annulation est réservé aux actes d'autorité. Cfr. mon *Précis de droit adm.*, 3ᵉ édit., p. 312. — Il est naturel que vis-à-vis des actes d'autorité le juge n'ait que des pouvoirs d'annulation et que vis-à-vis des actes de gestion il ait des pouvoirs plus étendus, puisque, quelque soit son véritable caractère, il est certain que la voie de gestion contient moins de puissance publique que la voie de commandement. Ces propositions se trouveront avérées par les développements qui vont suivre.

4. ↑ *Juridict. adm.*, 2ᵉ édit., I, p. 5. Cfr. Michoud, *De la responsabilité de l'État à raison des fautes de ses agents*, nᵒˢ 4, 26, 44 ; *De la responsabilité des communes*, nᵒ 12. — Brémond, *Traité de la compétence*, nᵒ 226. — Jacquelin, *Principes du contentieux administratif*, p. 83 et s.

5. ↑ *De la responsabilité des communes à raison des fautes de leurs agents,* n° 12.
6. ↑ *Op. cit.,* I, p. 5. — Cfr. Macarel et Boulatignier, *Tableau de la fortune publique de la France,* I, pp. 4-5 ; II, p. 505. — Gautier, Dareste, Ducrocq, *loc. cit.* — Brémond, *op. cit.,* n° 226. — Jacquelin, *op. cit.,* p. 83 et s.
7. ↑ D. 31 mai 1862, art. 3 ; D. 12 juillet 1893, art. 3.
8. ↑ *Op. cit.,* I, p. 485. Observons toutefois que les exemples qui suivent dans le texte tendraient à nous ramener à la gestion patrimoniale, le changement de point de vue est bien plus net, II, p. 187, où il s'agit certainement de faits de service.
9. ↑ Nous restituons intégralement ici un passage que nous avions été obligés de tronquer : « dans la Commune comme dans l'État il faut distinguer les actes de gestion et les actes d'autorité. Les premiers sont ceux dans lesquels le représentant de la commune n'exerce pas la puissance publique qui lui appartient, ils comprennent non seulement les actes d'administration du patrimoine privé communal, mais tous les actes dans lesquels il n'y a ni injonction ni prohibition, ni autorisation de police, alors même qu'ils seraient accomplis en vue d'un service public. » (*Responsabilité des communes,* n° 12).

Notons à titre de curiosité que Macarel et Boulatignier déjà en 1840 s'étaient élevés jusqu'à cette large compréhension, car ils disaient à propos des chemins « il est tout simple d'en remettre la garde, la police, la gestion enfin à la puissance publique. » *Fortune de la France,* I, p. 31. Ainsi la police elle-même, envisagée d'une certaine façon, peut devenir une gestion. M. Aucoc emploie, lui aussi, l'expression : « gestion du service public, » dans un passage sur lequel nous aurons occasion de revenir. *Confér.,* I, p. 485.

10. ↑ Cfr. mes *Leçons sur le mouvement social,* 2ᵉ leçon.
11. ↑ Voilà dix ans que je cherchais une bonne théorie de la gestion en combinant les données fournies jusqu'ici par la science administrative ; je ne l'ai trouvée qu'en allant chercher dans la science sociale une idée nouvelle, Dans ces conditions, on voudra bien ne pas me reprocher les opinions approximatives que j'avais émises dans les diverses éditions de mon *Précis de droit administratif* sur l'acte de gestion et sur le contentieux de pleine juridiction ; il y avait bien une direction dans mes tâtonnements, mais il serait maintenant sans intérêt d'en parler.
12. ↑ J'avais remarqué dès longtemps que l'acte de puissance publique ou d'autorité est toujours accompagné d'un acte de gestion *qui l'exécute* ; V.

mon *Précis*, 3ᵉ édit., p. 289).
13. ↑ On observera que dans les études sociales et spécialement dans les études économiques, la distinction des rapports sociaux en rapports de subordination ou de coopération est considérée en effet comme ayant une importance majeure. La répartition des richesses, notamment, trouve son fondement dans la coopération à la production.
14. ↑ Ce fait cependant est conforme à l'ordre légal et c'est pourquoi il produira des effets juridiques. V. § 3.
15. ↑ Il y a cette différence entre la gestion du comptable et l'exercice financier, que la gestion du comptable est l'exécution du service envisagée au point de vue *subjectif* de la responsabilité du fonctionnaire, tandis que l'exercice financier est l'exécution du service envisagée *objectivement* au point de vue de la réalisation du budget. Mais, gestion du comptable et exercice financier, sont deux formes de la gestion du service financier.
16. ↑ Il n'est lié ni par un contrat de droit privé, ainsi que l'ont enseigné Dareste, *La Justice administrative*, 1ʳᵉ édit., 1862, P. 372. Cfr. 2ᵉ édit., 1898 ; Perriquet, *Contrats de l'État*, p. 444, ni par un contrat de droit public, suivant la théorie en faveur aujourd'hui en Allemagne. — V. Kammerer, *La fonction publique d'après la législation allemande*. Paris, 1898, p. 88 et s., et *infra*, le § 3.
17. ↑ Cfr. Laferrière, *Jurid. adm.*, t. I, p. 619, et mon *Précis*, 3ᵉ édit., p. 685 et s.
18. ↑ Cfr. la note dans Sirey, 92, III, 17.
19. ↑ Les fonctionnaires de l'empire allemand sont tous en principe nommés à vie et en cas de déplacement reçoivent bonification des frais de déplacement (L. 31 mars 1873, § 2 et § 23).
20. ↑ Cette obligation n'est donc pas, ainsi que le prétend la théorie de Zachariæ, la contre-partie de l'obligation d'obéir imposée à l'administré, ce qui placerait justement la question sur le terrain de l'acte d'autorité ; c'est la contre-partie de la collaboration, ce qui place la question sur le terrain de la gestion. La théorie de Zachariæ très suivie en Allemagne se trouve dans *Zeitschrift für staatswissenschaft*, 1863, p. 582 et s. Cfr., Michoud, *Responsabilité de l'État*, nᵒ 49.
21. ↑ Cfr. *Mon Précis*, 3ᵉ édit., p. 174 et s.
22. ↑ Trib. de la Seine, 20 novembre 1890, *Prieu, Rev. d'adm.*, 1891, II, p. 460.
23. ↑ Cfr. Laferrière, *op. cit.*, t. II, p. 187 ; Michoud, *De la responsabilité de l'Etat*, nᵒ 43.

24. ↑ C. E., 6 mai 1881, *Tysack* ; 21 juillet 1882, *Turnbull* ; 27 février 1890, *Chédu et Craquelin*.
25. ↑ Proudhon, *Traité du domaine*, I, p. 512, leur assignait pour titre vrai contrat constitutif de servitude.
26. ↑ La collaboration ne se limite pas à la construction des maisons, elle se poursuit dans la confection des trottoirs généralement faits de compte à demi (L. 7 juin 1845), dans les taxes de pavage, etc.

    On trouve dans Sourdat, *Traité de la responsabilité*, t. I, p. 432, les considérations suivantes, toutes pareilles à celles développées au texte et qui n'ont que le tort de ne pas être rattachées à une théorie générale de la gestion : « Il y a un état de choses que l'administration s'est engagée, jusqu'à un certain point, à maintenir, Il importe à la sécurité de la circulation et à l'embellissement de la cité que des établissements utiles se forment le long des voies publiques. Il faut donc présenter aux constructeurs et aux propriétaires quelques garanties contre les événements qui viendraient ruiner leurs espérances ». Cfr. Curasson, *Des act. posses.*, p. 208 et 214 ; Demolombe, *Traité des servitudes*, t. II, n°s 690 et 700.

27. ↑ C. E. 17 décembre 1886, *Ville de Chaumont* ; — la question de l'existence des droits d'accès est de la compétence des tribunaux administratifs (Cour de Bourges, 26 octobre 1897, Just Bernard, *Revue d'administration*, 98, I, p. 317). — Il y aurait de bonnes raisons pour étendre la théorie de la gestion à la matière de la délivrance des alignements et d'admettre un contentieux de pleine juridiction sur les décisions administratives rendues à ce sujet.
28. ↑ A moins que la prise d'eau n'ait une existence légale, ce qui a un sens tout spécial et ce qui ne s'applique pas à celles qui sont établies après concession.
29. ↑ Pour comprendre les propositions énoncées au texte, il faut se rappeler que si les prises d'eau dûment autorisées sur les cours d'eau non navigables ni flottables constituent *droit acquis à l'encontre de la suppression par opération de travaux publics* et si pareille suppression constitue un *dommage*, au contraire, elles ne constituent pas droit acquis *à l'encontre des suppressions par mesures de police* motivées par des raisons de salubrité publique ou de sécurité publique. (L. 8 avr. 1898, art. 12-14), pareilles suppressions ne constituent point un dommage et ne donne point lieu à indemnité (art. 14). Ces règles délicates qui se sont créées dans la matière des usines, montrent la vérité de l'observation faite

plus haut (p. 15) à savoir que le dommage résultant des travaux publics est le réactif le plus sensible des droits administratifs nés de la gestion.

30. ↑ Je crois notamment, bien que l'idée contraire ait été émise, que les établissements ou les canalisations faits par ces concessionnaires dans les rues ne pourraient pas être bouleversés sans indemnité par des travaux de voirie, sous le prétexte qu'ils ne constitueraient que des avantages précaires. Presque toujours les concessionnaires font des conventions à ce sujet, mais, même sans convention, ils sont dans une situation de gestion.

31. ↑ Par exemple, les concessions faites sur le rivage de la mer pour établissements de pêcheries ou de parcs à huîtres pourraient très bien être considérées comme constituant une collaboration aux services publics que représente le rivage, et l'on comprendrait qu'elles ne pussent pas être supprimées sans indemnité au moins par l'effet d'une opération de travaux publics. Quel est en effet le service auquel correspond la domanialité publique du rivage ? Est-ce seulement le service de la navigation, n'est-ce point d'une manière générale l'*accès pour l'utilisation de la mer* ? — Par exemple encore les permissions de voirie, si variées, ne pourraient-elles pas être considérées comme des utilisations de la voie qui seraient dans le sens même de la domanialité publique de celle-ci. Dès lors, elles pourraient bien être supprimées par mesure de police sans indemnité comme les usines autorisées auprès des petits cours d'eau, mais elles ne pourraient pas être supprimées sans indemnité par une opération de travaux publics ; déjà d'ailleurs la pratique admet ici des conventions et des restitutions de redevances en cas de suppression. On voit quels progrès la théorie de la gestion pourrait entraîner et quelles garanties pourraient en être tirées

32. ↑ Dans une excellente étude sur les monopoles communaux, Paris, 1899, M. Eustache Pilon a très bien posé la question de la nature juridique de la concession, p. 63 et suiv. On consultera avec fruit ce travail très documenté au point de vue de la doctrine étrangère. Le seul tort de l'auteur est d'avoir restreint au cas de la convention les hypothèses où la concession n'est pas à l'état pur.

On remarquera que nous avons déjà analysé la situation du fonctionnaire en une concession de la fonction publique intervenue dans une situation de gestion.

33. ↑ Cfr. la note dans Sirey, 1892, III, 41 ; *Revue adm. du culte catholique*. Lille, 1898, p. 331 ; — *adde*, conflits, 21 nov. 1896, *Régère*.

34. ↑ Du moins dans l'opinion la plus généralement acceptée. Proudhon, *Tr. du domaine*, t. I, p. 461, n° 337 ; Gaudry, *Tr. du domaine*, t. III, p. 228 et s. ; Dufour, *Traité de dr. adm.*, 3ᵉ édit., t. V, p. 286 ; Gautier, *Précis des matières adm.*, t. I, p. 292, etc.
35. ↑ La jurisprudence de la Cour de cassation limite, il est vrai, autant qu'il est possible, les effets de cette propriété : elle n'est pas à proprement parler dans le commerce, les caveaux ne sont transmissibles que par
36. ↑ La règle de l'inaliénabilité du domaine public est fondée uniquement sur la destination d'utilité publique de la chose, elle doit donc être interprétée à l'aide de cette destination d'utilité publique. Or, s'il est des constitutions de droits réels sur le domaine qui loin d'entraver la destination d'utilité publique de la chose lui viennent au contraire en aide, ces constitutions de droits réels doivent être admises, surtout si les droits réels créés ne sont pas eux-mêmes mis dans le commerce. Cette interprétation raisonnable de la règle de l'inaliénabilité explique bien des anomalies apparentes ; d'abord le cas des concessions perpétuelles dans les cimetières ; ensuite le droit d'usufruit spécial qui existe sur l'église communale au profit de la fabrique, celui qui existe sur le presbytère au profit du desservant ; enfin l'espèce de propriété que certains fonctionnaires acquièrent sur des éléments de leurs fonctions, propriété du grade, de la chaire, etc. (dans l'office ministériel on touche la limite de cette théorie en ce sens qu'un élément de l'office, la finance, tombe dans le commerce).
37. ↑ La jurisprudence ne range point les marchés de fournitures des départements et des communes parmi les contrats administratifs parce qu'elle suit encore des errements antérieurs aux lois de décentralisation qui ont communiqué aux administrations locales de la puissance publique (conflits, 28 janvier 1899, *Lagauche*). Mais, dans une théorie logique de la gestion, ces marchés doivent être considérés comme administratifs. Je n'ai garde de commettre l'inconséquence que me reproche M. Jacquelin, *op. cit.*, p. 94.
38. ↑ Le décret concédant la pension est un acte de gestion, tant parce qu'il contient liquidation de celle-ci, que parce que la situation du fonctionnaire est d'avance de gestion (V. p. 10).
39. ↑ Si pour les contributions indirectes il y a contentieux judiciaire, c'est en vertu d'une exception formellement établie par les lois.
40. ↑ A supposer que l'impôt ne dût pas être envisagé ici comme librement consenti, mais comme levé par contrainte, le caractère d'opération de gestion ne disparaîtrait pas quand même, il faudrait alors placer l'impôt dans la catégorie de la gestion forcée (V. *infra*, p. 29).

41. ↑ Cf. Aucoc, *Conférences*, I, p. 481 ; Barthélemy, *Les droits subjectifs des administrés*, p. 12.
42. ↑ Le principe une fois posé que la police des établissements dangereux est matière de gestion, il y aurait lieu de réviser dans cet esprit bien des règles admises qui paraissent quelque peu incohérentes. Ainsi, tandis que l'arrêté du préfet qui autorise ou refuse d'autoriser l'établissement est susceptible de recours contentieux ordinaire, on admet généralement que l'arrêté prononçant la fermeture d'un établissement autorisé parce que des inconvénients graves se sont révélés, n'est susceptible que d'un recours pour excès de pouvoir. Pourquoi cette différence ? De même, on admet que le décret de suppression qui interviendrait pour un établissement de première classe en vertu de l'art., D. 15 oct. 1810, ne serait pas susceptible de recours contentieux. Pourquoi ?
43. ↑ On sait que le concessionnaire de la mine a un droit d'occupation temporaire sur les terrains à la surface et même en certains cas un droit d'expropriation, mais qu'en revanche il est tenu d'exploiter sous menace de retrait de la concession (Cfr. mon précis, 3e édit., p. 793 et s.).
44. ↑ Cfr. M. Ducrocq, *Cours de dr. admin.*, 6e édit., t. II, n° 1574 ; mon Précis, 3e édit., p. 788. En sens contraire M. Aucoc, *Conférences*, 3e édit., t. I, n° 206.
45. ↑ Cf. Aucoc, conf. I, n° 206.
46. ↑ Il suit de là que lorsqu'une association dont le but est parallèle à celui de l'État doit être approuvée, l'approbation administrative est moins une mesure de police qu'une mesure de gestion. Je serais très disposé à interpréter en ce sens l'art. 16 de la loi du 1er avril 1898, sur les sociétés de secours mutuels ; un recours contentieux est organisé contre le refus d'approbation, je croirais qu'on doit y voir un recours contentieux ordinaire et que le Conseil d'État peut prononcer l'approbation. Il est vrai que le recours est dispensé des frais et du ministère de l'avocat, mais c'est par mesure de faveur et cette dispense ne signifie point ici qu'il s'agisse du recours pour excès de pouvoir.
47. ↑ De là vient que, par exemple, contre le sectionnement électoral le recours pour excès de pouvoir serait recevable à raison de la nature de l'acte considéré isolément, mais qu'il échoue contre la fin de non-recevoir tirée du recours parallèle parce que le sectionnement est considéré comme ne se séparant pas de l'opération de l'élection qui est de gestion et comme participant au contentieux de l'élection (C. E. 27 juin 1884, *Luchetti* ; 8 août 1888, *Gapail* ; 10 juin 1893, *élection de Puech*).

48. ↑ Ici c'est le juge de paix, mais il remplit une fonction administrative.
49. ↑ La conséquence de l'occupation temporaire va trouver place plus loin dans la catégorie de la gestion forcée.
50. ↑ La sensibilité de l'administration devant le dommage résultant des travaux publics ne peut provenir que de ce contraste, que ce qui aurait dû procurer une plus-value a procuré un préjudice. C'est une remarque que nous avons déjà faite plus haut p. 15.
51. ↑ Il est tout un ordre de faits dans lequel je n'ai pas voulu entrer, parce que ce sont des matières où le recours contentieux ordinaire n'a pas encore suffisamment pénétré pour que je puisse en tirer argument, mais où cependant la gestion entendue comme collaboration au service public, se manifeste avec une évidence grandissante ; c'est ce que l'on a appelé jusqu'ici la *tutelle administrative* parce que le point de vue de la puissance a dominé exclusivement, mais ce que l'on sera conduit à appeler plutôt le *consortium administratif*, à mesure que par derrière les relations de puissance, on verra de plus en plus apparaître les rapports de collaboration entre l'administration centrale et les administrations locales, entre les administrations locales, entre les établissements publics. Depuis qu'il a été réalisé un peu de décentralisation, la plupart des services publics sont gérés en commun par plusieurs administrations. Les contributions budgétaires, les subventions, les affectations de bâtiments, les prêts de fonctionnaires sont les formes habituelles sous lesquelles se manifeste cette coopération. Il est des formes plus inaperçues ; la commune, par exemple, ne se charge-t-elle pas de faire procéder aux élections de l'Etat et à celles du département ? L'Etat ne se charge-t-il pas du recouvrement des impôts directs du département et de la commune ? Cette collaboration entre personnes administratives en vue de l'administration doit logiquement produire des effets juridiques et engendrer un contentieux de pleine juridiction. Déjà il intervient entre elles des conventions qui doivent être traitées comme des contrats administratifs ; déjà un recours contentieux ordinaire a été déclaré recevable par le Conseil d'Etat dans un cas de contribution légale due par une commune à un consistoire (C. E. 3 février 1893, *ville de Paris*).

Il devient difficile de ne pas reconnaître que la gestion, c'est-à-dire l'exécution des services publics est essentiellement coopérative, comme d'ailleurs tout travail est coopératif ; après celle des administrés, après celle des fonctionnaires, voilà que nous constatons la coopération des administrations elles-mêmes.

§ 2. — **La gestion et le contentieux de pleine juridiction.**

La notion du contentieux de pleine juridiction est antérieure à celle de la gestion. Non pas que la dénomination de contentieux de pleine juridiction remonte bien haut, elle a été mise en honneur par M. Laferrière dans l'édition de 1887 de son traité de la juridiction administrative, mais ce contentieux-là, qui s'oppose à celui de l'annulation, était pratiqué dès le commencement du siècle sous le nom de *contentieux ordinaire,* et même il était considéré comme le seul contentieux.

Ainsi l'effet était connu avant la cause, ce qui arrive souvent, surtout en matière de contentieux. Des conflits et des réclamations se produisent, on organise des litiges parce que la paix publique l'exige et parce qu'un sentiment instinctif de justice avertit que la situation demande en effet un juge. Ce n'est que plus tard que la théorie trouvera le fondement véritable de l'institution. Ici, le fondement était la gestion et la collaboration qui se cache dans la gestion, mais on ne s'en est point avisé tout d'abord.

On sait ce qu'est le contentieux de pleine juridiction ; un juge y est saisi d'un litige administratif avec le pouvoir de statuer, de substituer une décision à celle des autorités administratives qui étaient intervenues dans l'affaire, tandis que dans le contentieux de l'annulation le juge ne fait qu'annuler des décisions administratives sans y substituer la sienne propre. Le contentieux de pleine juridiction s'engage en principe par un recours contentieux ordinaire dirigé contre un acte d'administration et porté devant une juridiction administrative (le conseil de préfecture ou le Conseil d'État ou une juridiction spéciale) ; quelquefois il s'engage par une véritable action dirigée plutôt contre la personne administrative que contre l'acte, mais portée toujours devant un juge administratif ; cette seconde hypothèse est rare parce qu'en général pour créer le contentieux, c'est-à-dire pour engager le litige, il faut au préalable une décision attaquable qui est un acte d'administration[1].

Or, si l'on suit l'histoire du Droit administratif français en ce siècle, au point de vue du contentieux, on s'aperçoit qu'elle se décompose en deux périodes : la première va depuis les origines jusqu'au décret du 2 novembre 1864, le contentieux de la pleine juridiction y occupe la première place et retient toute l'attention des jurisconsultes ; la seconde période va depuis le décret du 2 novembre 1864 jusqu'à nos jours, c'est au contraire le contentieux de l'annulation qui, avec le recours pour excès de pouvoir, passe au premier plan ; le contentieux de la pleine juridiction est de plus en plus négligé. La vérité de cette observation apparaît frappante si l'on compare entre eux les deux ouvrages sur le contentieux qui ont successivement fait autorité, celui de Serrigny et celui de M. Laferrière. Le

Traité de la compétence et de la procédure en matière contentieuse administrative de Serrigny, même dans sa 2ᵉ édition de 1865, ne contient que quelques pages sur le recours pour excès de pouvoir (t. I, p. 306-318) où d'ailleurs celui-ci n'est pas nettement distingué du recours en cassation des jugements ; dans les considérations générales sur le contentieux administratif l'auteur raisonne comme s'il n'y avait qu'un seul contentieux, le contentieux ordinaire, l'excès de pouvoir est simplement considéré comme faisant entrer dans le contentieux des actes qui par eux-mêmes étaient discrétionnaires (t. I, p. 49)[2]. Au contraire, dès sa première édition en 1887, le *Traité de la juridiction administrative* de M. Laferrière pose la distinction des deux contentieux, il contient une très large et très complète théorie du contentieux de l'annulation et du recours pour excès de pouvoir, et, à l'inverse, bien qu'il passe en revue les principales matières contentieuses de la pleine juridiction, il ne contient pas de théorie générale du contentieux de la pleine juridiction.

Ainsi le contentieux ordinaire, qui d'ailleurs par delà la Révolution plongeait ses racines dans les juridictions administratives de l'ancien régime, avait pendant longtemps attiré toute l'attention des jurisconsultes ; puis, brusquement à la suite d'une réforme de procédure qui tendait à favoriser le développement d'un contentieux extraordinaire, celui de l'excès de pouvoir jusque-là assez ignoré, toute l'attention se portait sur ce contentieux extraordinaire et le contentieux ordinaire était délaissé. Ce phénomène surprenant, cet arrêt dans le développement d'une institution, ce dédain succédant à cette estime méritent explication.

Si l'on a abandonné ainsi depuis quarante ans l'étude du contentieux ordinaire cela n'a pas été sans de bons motifs. D'abord il y eut l'attrait de la nouveauté, il fut intéressant d'organiser la théorie nouvelle du recours pour excès de pouvoir qui, jusque-là, s'était péniblement préparée et à laquelle le décret du 2 novembre 1864 allait donner un nouvel élan ; il y eut à digérer dans le tentieux de l'annulation l'immense quantité des actes de l'administration que la période précédente avait considérés comme discrétionnaires. Mais il s'ajouta une autre raison, c'est que les efforts tentés jusqu'en 1864 pour organiser une théorie convenable du contentieux ordinaire avaient échoué et qu'on était découragé par cet insuccès. On se rejeta vers le recours pour excès de pouvoir parce qu'au point de vue doctrinal le recours contentieux ordinaire n'avait causé que des déceptions.

La première condition pour qu'une institution juridique soit vraiment intéressante'c'est qu'elle ait une source de vie propre, si elle ne repose que sur des dispositions de lois, si elle n'a ainsi qu'une existence artificielle, elle peut occuper le commentateur, le jurisconsulte s'en détourne. Ce qui a tout de suite attiré au recours pour excès de pouvoir les sympathies de la doctrine, c'est qu'on s'est aperçu que c'était une création vivante de la jurisprudence, susceptible d'un développement progressif et pour ainsi dire indéfini. Si la doctrine s'est désintéressée du contentieux ordinaire, c'est qu'au contraire, après des efforts inutiles pour échapper à cette conclusion, elle s'est crue obligée de confesser que ce contentieux n'avait pas de source spontanée, qu'il n'existait qu'en vertu des textes, que, par conséquent, elle, doctrine, ne pouvait rien pour son développement.

Pendant un demi-siècle, on s'était demandé si à côté du contentieux ordinaire *d'attribution*, c'est-à-dire du contentieux organisé par les textes législatifs, il n'y avait pas un contentieux *de nature*. On avait affirmé instinctivement l'existence de ce contentieux de nature ; on avait distingué l'administration contentieuse de l'administration discrétionnaire, on avait raisonné sur des situations contentieuses par elles-mêmes, sur des actes contentieux par eux-mêmes. Puis, quand il s'était agi d'organiser la théorie d'une façon complète, de déterminer le critérium du contentieux de nature, tout s'était évanoui et l'on était retombé dans le contentieux d'attribution, dans la détermination légale.

On s'était dès le début lancé dans une mauvaise voie. Cette histoire est instructive, elle montre qu'il faut en Droit public des théories multiples, qu'il n'est pas bon qu'une seule soit suivie, parce que si elle n'est pas complètement vraie tout le monde se fourvoie et le progrès est arrêté pour longtemps.

En 1818, dans son livre le Conseil d'État selon la Charte, n° 216, J.-B. Sirey avait posé la question du contentieux de nature sur le terrain des droits acquis : « Attendu que toute contestation entre des particuliers tendant au maintien de *leurs droits privés,* soit entre eux, soit contre les agents de l'administration relativement à ces matières, offre le caractère d'un contentieux de l'administration, dont la connaissance est attribuée au Conseil d'État sur appel des autorités premières ». Cfr. n° 496. — De son côté, Macarel, dans ses *Tribunaux administratifs* en 1828, disait P. 511 : « Un exposé de cette nature permet-il désormais de douter que le Conseil d'État statue chaque jour sur un très grand nombre et une infinie variété de *droits acquis,* qu'il exerce donc une véritable *juridiction contentieuse*[3] ».

On ne sort plus de cette idée que le recours contentieux ordinaire naît de la violation du droit acquis et dès lors la question du criterium du contentieux ordinaire devint celle du criterium du droit acquis. Lorsque, plus tard, le recours pour excès de pouvoir se fut développé, on compléta le système en établissant cette opposition très symétrique le recours contentieux ordinaire naît de la violation d'un droit, le recours pour excès de pouvoir de la violation d'un intérêt. Or, aucune définition n'est plus décevante que celle du droit acquis, aucune distinction plus difficile que celle du droit et de l'intérêt[4]. Un seul auteur a essayé d'aborder de front la difficulté, c'est Chauveau Adolphe, dans ses *principes de compétence* de 1841. Il a consacré trois volumes à cette tentative héroïque, la détermination doctrinale des droits acquis des administrés donnant ouverture au recours contentieux ordinaire, en cas de violation par l'action administrative ; il y a mis une grande rigueur logique et une sorte de génie subtil ; il a complètement échoué, il a été sévèrement jugé par les autres représentants de la science, bien qu'il y eût dans son œuvre des aperçus remarquables. Tout le monde s'est replié sur une définition commode du droit acquis, *c'est celui que l'administration est obligée de respecter en vertu d'une disposition légale*. Par conséquent, on est retombé dans la détermination légale sinon du recours, du moins du droit et par là dans le contentieux d'attribution[5].

Pourtant, contre une pareille conclusion la conscience juridique proteste et les faits apportent leur démenti. Si, essayant de résister au courant de l'opinion, nous reportons notre attention sur la question du contentieux de nature, nous sommes bien obligés de constater qu'en fait il se crée un contentieux spontané de la pleine juridiction dans des cas où aucun texte n'impose à l'administration d'obligation légale, qu'il jaillit de trois sources au moins :

1º Il y a le cas des actions en indemnité pour préjudice causé dans le fonctionnement des services de l'État ; l'obligation d'indemnité n'est pas établie par la loi dans toutes les espèces où la jurisprudence l'a admise, notamment, dans l'hypothèse des accidents survenus par la faute de l'officier de port, citée plus haut p. 13 (arrêts *Tysack*, *Turnbull*, etc.), aucun texte n'impose à l'administration aucune obligation ; il existe des textes dans des matières très spéciales de postes, de douanes, mais pour qui connaît les habitudes du Conseil d'État, il est clair que celui-ci n'userait pas de l'extension par analogie s'il ne reconnaissait pas l'existence d'une source propre du contentieux indépendante des textes et que nous savons être le principe de la gestion ;

2º Il y a le cas des recours en indemnité formés par des employés municipaux révoqués dans les affaires *Cadot Drancey* et *Wottling* (V. p. 10) ; ces recours n'ont pas réussi au fond, mais ils ont été déclarés recevables, donc il a été reconnu que la matière était contentieuse ;

3º Enfin il y a le cas de certains contentieux électoraux qui se sont organisés en dehors de toute espèce de textes[6].

D'ailleurs, il est remarquable qu'il existe une question du juge de droit commun en matière de contentieux ordinaire, elle a donné lieu à de retentissants débats, les uns tiennent pour le ministre, les autres pour le Conseil d'État ; aucun des champions des opinions adverses ne semble s'être aperçu que si pratiquement cette question se pose, c'est qu'il y a un contentieux spontané, attendu que lorsque les textes prennent la peine d'établir formellement une obligation légale de l'administration, ils prévoient en même temps le recours et désignent le juge compétent et que s'il est des cas où l'on cherche le juge compétent, c'est qu'il n'y a eu aucune détermination légale[7].

Ces constatations sont de nature à provoquer de sérieuses réflexions, elles nous remettent dans l'état d'esprit des Chauveau, des Vivien et des Serrigny. Nous sommes amenés à affirmer nous aussi qu'il existe un contentieux de nature de pleine juridiction, que le recours ordinaire a une source vivante tout comme le recours pour excès de pouvoir. Mais cette source quelle est-elle ?

Reprenons la question munis des leçons de l'expérience, avertis par le développement du contentieux de l'annulation qui s'est produit dans l'intervalle et dont nous pouvons tirer des enseignements ; prenons bien garde surtout de retomber dans les fautes de nos devanciers :

1° Ce fut une faute de vouloir fonder l'existence du recours contentieux sur celle du droit acquis. Outre la difficulté de la définition du droit acquis qui constituait un écueil, il y avait erreur. On confondait par là la recevabilité du recours avec sa justification au fond. L'existence du droit acquis assure la justification au fond, mais ce n'est pas elle qui détermine la recevabilité ; pour la recevabilité du recours il suffit que la situation des parties soit telle qu'entre elles un droit acquis *ait pu naître*, il n'est pas nécessaire *qu'il soit né*.

Il y a là une distinction avec laquelle nous a familiarisés le recours pour excès de pouvoir, celle la recevabilité et du débat au fond. Il suffit pour qu'un recours soit recevable qu'il existe certaines conditions extérieures auxquelles ne correspondent peut-être pas les conditions de fond nécessaires pour sa réussite. En d'autres termes, pour la recevabilité, il suffit que la situation soit « contentieuse » comme on disait, mais en prenant bien soin de ne plus définir la situation contentieuse par le droit acquis déjà réalisé.

2° Non seulement ce fut une faute de ne pas établir le recours uniquement sur la situation contentieuse, mais c'en fut une autre de ne pas considérer la situation contentieuse comme créée uniquement par l'acte d'administration lui-même ou par l'action administrative. Voilà surtout la notion qui manqua à l'école de Serrigny, elle ne posséda pas la théorie de l'acte d'administration qui, en effet, ne s'est organisée que par le développement de celle de l'excès de pouvoir ; on entrevoyait peut-être la vérité vers 1860, mais on ne la voyait pas clairement ; on ne savait pas encore que la vertu de produire le contentieux est inhérente à l'acte d'administration lui-même, puisqu'il est dans sa définition de *constituer décision exécutoire* et de *produire effet de droit*, puisque les agissements administratifs qui ne présentent pas ces caractères ne sont pas des actes d'administration au sens juridique du mot. Aujourd'hui nous avons cette science de l'acte d'administration et de son effet contentieux (Cfr. Laferrière, *op. cit.*, t. II, p. 420 et s.) nous devons en tirer les conséquences ; si nous ne l'avons point fait jusqu'ici c'est pur défaut de logique ou pure inattention. Il est visible que parmi les conditions de recevabilité du recours contentieux pour excès de pouvoir, la plus importante est celle-ci : il faut qu'il y ait acte d'administration (décision exécutoire produisant effet de droit, etc.) ; les autres conditions de qualité de la personne, de délais, d'absence de recours parallèle, sont secondaires ; c'est en somme l'acte qui crée le contentieux par sa nature propre. Il est naturel de penser qu'il en est de même pour le recours contentieux de pleine juridiction et que la situation contentieuse est là aussi créée par l'acte lui-même. Si cette situation contentieuse ne présente pas les mêmes caractères que celle qui résulte de l'acte de puissance publique, si elle aboutit à un contentieux de pleine juridiction et non pas seulement d'annulation, c'est parce que l'acte de gestion est lui-même très différent de l'acte de puissance publique et que l'administration, au lieu de s'y manifester à l'état de commandement, s'y manifeste à l'état de collaboration.

Ainsi le contentieux administratif de pleine juridiction est créé, non plus par la réunion de deux éléments, un acte de l'administration et la violation d'un droit acquis de l'administré, mais par un seul élément complexe, un acte de gestion ou, si l'on veut, un acte de l'administration intervenant dans une situation de gestion. Par cette nouvelle position du problème on échappe au cercle vicieux de la détermination légale du droit acquis dans lequel étaient restés enfermés les premiers champions du droit administratif, ceux que nous devons appeler nos ancêtres. Examinons dans un certain détail le problème ainsi posé en distinguant la question de la recevabilité du recours, de celle de la justification au fond.

I. La gestion administrative, analysée en une collaboration de l'administration et de l'administré, explique par elle-même la recevabilité du recours contentieux de pleine juridiction intenté par l'administré. En somme, ce recours est l'action d'une sorte d'associé qui demande un règlement de compte, qui réclame sa part, dans la mise sociale ou dans les bénéfices. L'administration a accepté la coopération de l'administré, elle est donc d'une certaine façon vis-à-vis de lui dans la situation *pro socio*[8] ; elle s'est compromise avec lui, c'est-à-dire qu'en fait elle a laissé s'établir ce compromis qui constitue le fond de toute société et qui conduit à soumettre à l'arbitrage d'un juge les difficultés et les litiges qui s'élèveront. Ce juge est spécial, ce juge appartient en partie à l'administration elle-même ; cela tient à ce qu'elle n'a pas abdiqué son caractère et qu'elle reste, ainsi que nous le verrons plus tard, une puissance publique collaborant avec des particuliers ; mais pour l'instant nous ne voulons retenir que ce qui concerne les pouvoirs de ce juge, il a pleine juridiction, il a tous les pouvoirs nécessaires pour statuer sur le litige et rétablir la paix. Sans doute, il rétablira la paix *en disant le droit*, mais être saisi d'un litige *pour dire le droit* cela ne signifie pas être saisi *en vertu d'un droit* du réclamant, cela est très différent, cela signifie appliquer la règle de droit. La tâche du juge, quand il statuera, sera bien, *en disant le droit* de constater que le réclamant avait ou n'avait pas un droit acquis, mais au moment de la recevabilité, cette question ne se pose pas encore, le recours est recevable : 1° parce qu'un litige s'est élevé et qu'il faut rétablir la paix *en disant le droit* quel qu'il soit ; 2° parce que les deux parties sont dans un tel état de société l'une avec l'autre, qu'elles ont accepté le compromis qui permet l'arbitrage et c'est la situation de gestion qui les a mises ainsi en société.

Ce n'est pas ici le lieu d'étudier avec tous les développements que la matière comporterait la nature du débat sur la recevabilité des actions, mais il apparaît que ce débat est relatif essentiellement à la question de savoir si les parties sont dans un état de société suffisant pour avoir accepté ou pour être censées avoir accepté la clause compromissoire, subsidiairement à celle de savoir si la réclamation actuelle rentre bien dans la sphère du compromis. Le fait d'un compromis exprès ou tacite, volontaire ou forcé, amené par l'état de société est généralement admis à la base des procédures et de l'introduction des instances[9].

Ce compromis n'existe visiblement qu'entre les hommes qui font partie de la même société ; pendant longtemps les nationaux ne plaident pas avec les étrangers[10] ; d'un autre côté, des rapports sociaux d'une nature spéciale entraînent l'organisation d'une juridiction spéciale, parce que le compromis n'est pas le même et ne donne pas au juge la même mission ; c'est ainsi que, dès le début, les chrétiens voulant faire société à part dans le monde païen, ont été conduits à soumettre leurs litiges à l'arbitrage de l'évêque, ce qui a engendré la juridiction ecclésiastique[11] ; c'est ainsi encore qu'au moyen âge les marchands, constituant une classe à part, ont soumis leurs différends à des juges spéciaux qui, dans notre pays, ont survécu sous le nom de juges consulaires[12].

Le compromis qui permet de nouer l'instance n'empêche pas d'ailleurs que la sentence du juge ne doive ensuite être acceptée par la partie condamnée. Nous voyons parfaitement dans les procédures primitives que l'acceptation du jugement est en partie volontaire, qu'elle ne peut être imposée que par des procédés indirects[13].

A ces divers points de vue, notre contentieux administratif est à une phase très intéressante de son évolution. D'une part, l'administration n'accepte la sentence rendue par le juge que parce qu'elle le veut bien et qu'elle s'y contraint elle-même, la partie adverse n'a aucun moyen d'obtenir l'exécution forcée. D'autre part, si le compromis juridictionnel existe au point de vue de l'introduction de l'instance, c'est encore bien imparfaitement. Dans la plupart des affaires il reste tout volontaire, l'administration n'accepte le juge que si cela lui plaît. En effet, en principe c'est elle qui *crée le contentieux* et voici comment : les recours contentieux sont des recours contre l'acte d'administration ; ils ne peuvent être intentés que contre un acte dans lequel l'administration précise ses droits, les détermine elle-même ; or, l'administration peut s'abstenir de déterminer son droit par une décision ; même dans les cas où elle en est sollicitée par une réclamation gracieuse, elle peut refuser de se prononcer ; donc, quand elle se prononce, elle crée le contentieux volontairement.

Le compromis n'existe de plein droit que dans deux hypothèses : 1° lorsque l'administration peut être actionnée directement, sans qu'une décision administrative sur la réclamation doive être sollicitée au préalable, ce qui est rare et même anormal en matière de recours contentieux administratifs[14] : 2° Lorsque la décision administrative préalable étant nécessaire, l'administration est obligée par la loi à se prononcer dans un sens quelconque et que son silence, passé un certain délai, est assimilé à une décision de rejet attaquable (D. 2 nov. 1864, art. 7). Seulement, ce qui prouve bien que le compromis arbitral après avoir été volontaire tend à devenir forcé, c'est que le législateur manifeste l'intention d'entrer de plus en plus dans cette voie d'obliger l'administration à statuer sur les réclamations gracieuses, afin de nouer le contentieux et que cela est approuvé par la doctrine[15].

En résumé, nous sommes en droit d'affirmer que conformément à un processus historique très général, la recevabilité du recours contentieux ordinaire s'explique par un compromis établi entre l'administration et l'administré par lequel l'un et l'autre acceptent l'instance, celle-là en statuant de façon à rendre possible une réclamation, celui-ci en formant la réclamation ; le compromis, d'abord exprès et volontaire de la part de l'administration qui reste libre de créer le contentieux par une décision ou de garder le silence, tend à devenir tacite et forcé, la loi intervenant de plus en plus pour contraindre l'administration à se prononcer et créant de plein droit le contentieux au cas de silence prolongé. Nous pouvons ajouter que le fait historique qui a poussé les hommes dans tous les pays et dans toutes les situations à accepter graduellement le compromis arbitral, est celui-là même qui a poussé aussi l'administration, et que c'est l'augmentation de société. De telle sorte que si l'administration accepte toujours davantage le débat contentieux, c'est parce qu'elle fait davantage société avec l'administré. Et si elle fait société plus intime avec l'administré, c'est parce que dans la gestion administrative elle accepte sa collaboration.

Je ne voudrais pas compliquer à plaisir une matière déjà bien assez difficile, pourtant il est des explications complémentaires dans lesquelles il me faut entrer sous peine de laisser sans réponse deux objections que le lecteur ne manquerait pas de faire :

1° La première objection est la suivante : il existe deux espèces de contentieux administratif, il y a celui de la pleine juridiction, mais aussi celui de l'annulation ; dans les deux espèces de recours se pose la question de recevabilité ; on nous explique la recevabilité du recours contentieux ordinaire en invoquant simplement l'état de société établi entre l'administration et l'administré et le compromis arbitral créé par l'acte de gestion ; mais alors, on doit expliquer la recevabilité du recours en annulation de la même façon, en invoquant simplement l'état de société établi entre l'administration et l'administré, et le compromis arbitral créé par l'acte de puissance publique. Est-ce que par là on n'aboutit point à la confusion des deux espèces de contentieux, ou bien y aurait-il deux degrés différents de société établis entre l'administration et l'administré ? L'acte de gestion et l'acte de puissance publique créeraient-ils deux espèces différentes de compromis arbitral conférant au juge, l'un des pouvoirs de pleine juridiction, l'autre seulement des pouvoirs d'annulation ?

Je crois avoir répondu d'avance.

La distinction du contentieux de la pleine juridiction et de celui de l'annulation subsiste parce qu'en effet il y a bien deux degrés de société établis entre l'administration et l'administré et parce que l'acte de gestion ne crée pas le même compromis arbitral que l'acte de puissance publique.

La société établie entre l'administration et l'administré dans les hypothèses de gestion est à base de collaboration ainsi que nous l'avons déjà répété à satiété ; mais il y a une autre forme de société qui est à base de cohabitation ; l'administration et l'administré cohabitent sur le même territoire légal, ils ont des rapports de simple voisinage, leurs pouvoirs réciproques ou leurs libertés sont enfermés dans des sphères légales comme dans l'enclos de deux héritages contigus ; les rapports de voisinage ont quelque chose de moins étroit que ceux de collaboration ; des collaborateurs peuvent être tenus à des prestations positives l'un envers l'autre ; au contraire, des voisins ne sont guère obligés qu'à s'abstenir de certains actes, à ne pas sortir de leur droit par des procédés dommageables. On conçoit dès lors que, dans les situations de gestion, l'administration accepte un compromis arbitral de pleine juridiction, conférant au juge le pouvoir de constater des obligations positives à sa charge, de réformer ses actes, de la condamner à des indemnités, et qu'au contraire dans l'acte de puissance publique elle n'accepte qu'un compromis arbitral de portée moindre, ne conférant au juge que le pouvoir d'annuler les actes par lesquels elle est sortie de la légalité qui est la limite de son droit à elle, c'est-à-dire de sa puissance.

On remarquera que ces deux formes de société, la collaboration ou la cohabitation, ne sont point inventées ici pour les besoins de la cause, elles sont fondamentales et si elles se manifestent dans les rapports de l'administration et des administrés, c'est qu'elles existent d'une manière générale dans les rapports des hommes. La seule différence est que dans les rapports sociaux ordinaires, grâce à l'institution de la propriété, la cohabitation et les relations de voisinage ne s'établissent pas seulement sur le terrain légal mais sur le territoire matériel, sur le sol réel, parce que la propriété incorpore au sol un certain ordre ou une certaine hiérarchie de pouvoirs contigus. Toujours est-il que l'on distingue deux grandes formes de solidarité sociale, celle qui est fondée sur la coopération, par suite sur la collaboration des libertés et des pouvoirs, et celle qui est fondée sur la cohabitation, c'est-à-dire sur la contiguïté des pouvoirs.

2° La deuxième objection, aussi facile à réfuter, est celle-ci nous semblons méconnaître le principe essentiel de toute procédure, pas d'intérêt pas d'action; nous ne faisons pas figurer parmi les conditions de la recevabilité du rerecours contentieux ordinaire, la violation du droit du réclamant; alors, au nom de quel intérêt le réclamant va-t-il être admis à former un recours? La réponse est aisée, au nom de l'intérêt même qu'il allègue comme un droit, mais que nous ne savons pas encore être un droit et qu'il nous suffit de considérer comme un intérêt, que, par conséquent, nous n'avons pas à mentionner spécialement. Je prends l'exemple des arrêts *Cadot* et autres (V. p. 10); des employés municipaux révoqués ont demandé une indemnité. au conseil municipal qui la leur a refusée, un contentieux de pleine juridiction est né de cette décision de refus. Ces employés avaient-ils intérêt à former recours devant le Conseil d'État? Évidemment, on a toujours intérêt à toucher une indemnité; à ce point de vue donc le recours était recevable. Cet intérêt constituait-il un droit? c'est une question qu'il n'y avait pas à se poser au moment de la recevabilité, mais seulement au moment du débat au fond. En fait le Conseil d'État l'a tranchée par la négative par décision au fond, mais il avait commencé par déclarer le recours recevable. Ainsi il n'y avait pas droit acquis violé, mais cependant il y avait intérêt à l'action[16].

II. Je considère comme un résultat important d'avoir expliqué la recevabilité du recours contentieux ordinaire par le seul effet de l'acte ou de la situation de gestion, sans avoir à invoquer le prétendu droit acquis du demandeur. Toutefois nous n'aurions gagné qu'une demi-victoire sur la doctrine de la détermination légale, si nous ne réussissions pas à établir maintenant que dans le débat au fond, où il faut nécessairement que le droit acquis soit justifié, la situation de gestion vient gravement influer sur la reconnaissance du droit de l'administré contre l'administration en ce sens que, d'une certaine façon qui reste à préciser, elle rend inutile la détermination légale du droit. Si nous reprenons l'exemple des arrêts *Cadot, Drancey, Wottling*, etc. (V. p. 10) dans lesquels des employés municipaux révoqués réclamaient des indemnités de révocation, nous voyons que la situation de gestion dans laquelle se trouvaient les fonctionnaires, collaborateurs de l'administration, explique la recevabilité des recours ; mais nous sentons aussi que la même situation de gestion aurait dû incliner le juge à reconnaître au fond le droit de l'employé à l'indemnité de révocation, bien qu'aucun texte des lois administratives n'ait déterminé jusqu'ici ce droit (V. p. 11).

Nous abordons ici un nouvel ordre de développements qui n'est autre que la théorie des droits subjectifs des administrés. Cette théorie qui a donné lieu à une littérature importante dans les pays étrangers[17] vient à peine d'être introduite en France, du moins à titre de question d'école[18]. Une série d'auteurs, dont l'éminent maître M. Ducrocq est le dernier, avaient longuement et consciencieusement étudié ce qu'ils appelaient *la réglementation administrative des principes du droit public français ou les principes du droit public mis en œuvre par les lois administratives* ; dans la septième édition de son *Cours de droit administratif*, M. Ducrocq consacre encore en entier le troisième volume à cette rubrique ; mais s'il y a dans cette œuvre considérable un catalogue très détaillé des droits publics des administrés tels qu'ils résultent de la détermination légale des innombrables textes qui les régissent, l'auteur n'a pas eu l'intention d'engager de discussion de principe sur les caractères généraux de la légalité en cette matière, ou sur la question de savoir si, à défaut de la loi, il ne se produit point dans le régime d'État une création spontanée de droits subjectifs des administrés qu'il appartiendrait à la jurisprudence de consacrer. Le travail de M. Barthélemy, cité en note, qui vient de poser la question sous sa forme théorique, ne nous sera lui-même d'aucun secours en ce qui concerne les droits subjectifs des administrés nés des opérations de gestion, car, malgré quelques rubriques qui pourraient faire illusion, il ne contient pas de théorie de la gestion ; il ne constitue, et c'est déjà un suffisant mérite, qu'un excellent essai sur les droits subjectifs des administrés par rapport au contentieux de l'annulation, notamment par rapport au contentieux de l'excès de pouvoir. Or, la théorie des droits acquis est bien différente suivant qu'il s'agit des situations de puissance publique qui n'engendrent qu'un contentieux de l'annulation, ou des situations de gestion qui engendrent un contentieux de pleine juridiction. Les observations déjà présentées à la p. 53 le font comprendre aisément.

Dans la situation de puissance publique les relations de l'administration et de l'administré sont de *pur voisinage* ; quand l'administration accomplit des actes de puissance publique, elle est censée agir pour elle-même, elle est comme un propriétaire qui dans son enclos exerce les pures facultés qui sont contenues dans le droit de propriété sur la chose ; la matière est, comme disent les Allemands *objective*[19], l'administration est obligée seulement à ne pas sortir de la légalité en tant qu'elle règle la chose publique ; les actes de puissance publique qui violent la légalité entendue de cette façon objective sont annulés. Dans ces conditions les droits ou les intérêts légitimes que les administrés peuvent invoquer sont envisagés, eux aussi, sous des rapports de *pur voisinage,* ce sont les libertés dont ils jouissent dans leur enclos légal contigu à celui de l'administration, ou bien ce sont les avantages que l'administration leur a concédés sur son propre domaine à titre de possession plus ou moins précaire. Si l'on veut, la théorie des droits subjectifs des administrés dans les situations de puissance publique est une variété très originale soit de celle des inconvénients de voisinage et des actes de pure faculté, soit de celle de la possession.

Dans la situation de gestion, la théorie des droits subjectifs des administrés est bien différente. Là, les deux parties en présence ne sont pas à l'état de voisinage, mais à l'état de collaboration ; il naît de cette collaboration un *negotium* que je ne cherche pas à caractériser encore exactement, qui n'est pas toujours un contrat, mais qui se rapproche toujours d'un contrat, qui, dans tous les cas, crée une situation plus voisine des rapports contractuels que des rapports de droit réel. Quand l'administration fait des actes de gestion, ce n'est plus seulement pour elle-même c'est aussi pour son collaborateur ; les allemands diraient que la situation devient *subjective,* c'est-à-dire qu'elle tend par elle-même à engendrer des droits pour l'administré, et le plus souvent des droits nouveaux, des avantages créés par la collaboration elle-même.

La théorie des droits acquis dans les matières de gestion est donc toute particulière. Je ne sache pas que l'organisation en ait été tentée ni en France, ni ailleurs, car on s'apercevra que la notion de la gestion est très française. Voici quelles sont à mon avis les données du problème, la gestion administrative étant analysée en une collaboration : 1º quels sont les droits qui peuvent être déduits du fait même de la collaboration au profit de l'administré ; 2º quel rôle joue ici la légalité dans la détermination de ces droits ?

A. Comme la gestion est une collaboration et la collaboration une forme de société ou d'association, on est autorisé à traiter l'administré comme un associé toutes les fois qu'il est impliqué dans une situation de gestion[20]. Or, l'administré envisagé comme associé peut être considéré comme muni (nous verrons plus tard comment et par quelles concessions de la puissance publique) de deux espèces de droits : 1º il a droit à ce que son coassocié effectue tout son apport et ne cause à la société aucun dommage par sa faute (Cpr., art. 1845 et s. ; art. 1850, C. civ.). Ce premier droit, ou si l'on veut cette première catégorie de droits, trouve sa réalisation dans le droit à indemnité qui naît au profit de l'administré toutes les fois que dans une matière de gestion un préjudice lui est causé du fait de l'administration. On peut interpréter cette indemnité comme provenant d'un apport dû par l'administration, l'apport d'une assurance contre les accidents administratifs ; on peut l'interpréter aussi comme provenant d'une faute, mais ce n'est pas la faute quasi-délictuelle de l'article 1382, c'est la faute presque contractuelle d'un collaborateur dans une situation qui se rapproche de celle de l'art. 1850, C. civ.. Dans les deux cas le droit à indemnité est de nature. administrative ; 2º l'administré, considéré comme associé de l'administration, a droit en outre à ne réaliser quant à lui que son apport légal (ce qui explique le contentieux des impôts directs, celui du recrutement militaire, etc.) — il a droit au règlement définitif de l'entreprise lorsqu'il s'agit d'une opération à terme fixe comme un marché de travaux publics ou un marché de fournitures — il a droit enfin au partage des bénéfices, soit sous forme de distributions périodiques telles que les mensualités des traitements des fonctionnaires, soit sous forme de droits constitués tels que le droit à pension des fonctionnaires ou le droit sur la fonction qui constitue l'état des mêmes fonctionnaires (grade, chaire, siège, office, etc.). Ces indications ne sont pas complètes, mais dans les grandes lignes elles correspondent à deux catégories très certaines du contenlieux de la pleine juridiction, le contentieux des dommages et des indemnités, d'une part et, d'autre part, le contentieux qui tend à la garantie de droits positifs nés de la gestion.

B. Au reste, quels que soient au juste les droits qui naissent de la gestion, la question importante est celle du rôle que joue la légalité dans la détermination de ces droits. Faut-il admettre que dans chaque cas particulier, à l'appui de chacun de ces droits, il doit être allégué un texte spécial plus ou moins adapté par l'interprétation du juge ? Ou bien ne peut-on pas soutenir que la situation de gestion étant en soi légale, et le droit qui naît spontanément de la gestion participant à cette légalité originelle, ce droit se trouve par là même avoir une détermination légale suffisante ?

Pour ma part, je me rallie à la seconde opinion. J'estime que le principe de la gestion étant certainement consacré par l'ensemble de la légalité, il est conforme à l'ordre légal que l'administration à l'état de collaboration s'oblige envers ses collaborateurs ; que, par conséquent, dans chaque cas particulier de gestion, les conditions même de la collaboration sont la loi des parties ; qu'il n'est point nécessaire qu'elles aient été fixées par des textes, que la gestion suffit à faire loi.

Par suite, la reconnaissance des droits acquis des administrés dans la gestion devient une question d'appréciation des conditions de la collaboration et d'interprétation des intentions de l'administration. Je ne dirai pas que le juge doit interpréter la commune intention des parties, parce qu'il n'y a pas d'acte où cette commune intention se soit formée (sauf dans les actes de gestion contractuels), mais il doit interpréter les actes de l'administration et les situations de fait qu'elle a laissées se créer comme condition de la collaboration avec la pensée que ces événements tendent naturellement à consacrer des droits au profit des collaborateurs.

Souvent, les actes de l'administration qui seront intervenus dans des situations de gestion seront des règlements, tels par exemple les actes réglant la situation des fonctionnaires. Par là, on revient à la détermination légale. Mais quelquefois aussi les actes de l'administration auront créé une situation de fait qui n'aura pas été directement réglée, et les circonstances seront telles qu'on ne pourra pas admettre la précarité de la situation. Tel est le cas des *aisances de voirie* dont il a été question à la p. 15. L'administration a ouvert une rue, comptant bien la voir se garnir de maisons ; les riverains ont bâti les maisons et pris sur la rue leurs accès et leurs vues ; il est inadmissible que l'administration, ayant ainsi bénéficié du concours des riverains, ne leur ait pas accordé en retour des droits fermes de vue et d'accès. En somme, l'interprétation des intentions de l'administration dans les situations qu'elle a laissées se créer comme condition de la collaboration se réduit à une question de bonne foi de sa part et par là elle tombe admirablement sous l'*arbitrium* du juge.

Les principes qui viennent d'être posés doivent toutefois être entendus avec des tempéraments.

D'une part, toutes les opérations de gestion n'admettent pas au même degré l'interprétation de bonne foi qui, si on la poussait trop loin, présenterait des inconvénients réels. Il y a un point d'équilibre qu'il ne faut pas dépasser ; la collaboration qu'il y a dans la gestion ne doit pas faire oublier que la gestion est pour le service public. Bien souvent si l'administration se montrait trop large vis-à-vis d'un entrepreneur, d'un fournisseur, d'un concessionnaire, ce serait au détriment du public. Par exemple, il ne faut pas hésiter à interpréter dans un sentiment restrictif, les conventions passées avec des concessionnaires lorsqu'elles constituent au profit de ceux-ci des monopoles qui pèsent lourdement sur les populations. Nous verrons au paragraphe suivant que la gestion laisse subsister de la puissance publique, c'est-à-dire un pouvoir qui n'est jamais entièrement lié ; les conventions entraînant monopoles sont parmi les opérations de gestion qui laissent subsister le plus de puissance publique dans l'intérêt du public[21]. D'autre part, les droits des administrés apparaissent d'abord dans le contentieux pécuniaire. En général, le juge sera enclin à les reconnaître sous la forme de l'indemnité plutôt que sous celle d'avantages positifs. Si nous reprenons une fois encore, l'exemple des employés municipaux révoqués ; dans l'état actuel de la réglementation des fonctions publiques le juge ne pourrait guère admettre l'existence positive d'un état de ces fonctionnaires s'opposant à la révocation, leur conférant un droit sur la fonction, une inamovibilité quelconque ; il pourrait plus facilement leur accorder une indemnité de révocation ou de déplacement (cfr. p. 11). Tant que le droit naissant est vague et informe encore, on sent bien que certaines violations de ce droit appellent une indemnité, mais on ne saurait encore préciser la physionomie particulière du droit.

Dans tous les cas, la conclusion essentielle qui ressort avec une netteté suffisante, c'est que la théorie de la gestion nous a permis, au point de vue du débat sur le fond comme au point de vue de la recevabilité, de sortir de la doctrine de la détermination légale ; cette théorie, même au point de vue du fond, restitue donc au contentieux ordinaire une source propre de développement ; la jurisprudence administrative n'est pas plus asservie aux textes particuliers ici que pour le recours pour excès de pouvoir, elle peut suppléer à leur silence en consultant simplement la conduite de l'administration, ce qui est d'autant plus facile que ses attaches administratives sont plus étroites et que, dans une certaine mesure, elle est l'administration jugeant elle-même ses propres intentions.

1. ↑ C'est la distinction de ce que Serrigny appelait le contentieux a posteriori et le contentieux a priori (t. I, p. 33. *Traité de la compétence*). Le contentieux a priori (sans acte d'administration préalable) est rare.
2. ↑ C'était là l'opinion générale, en réalité l'expression contentieux désignait à cette époque le seul fait que le litige était soumis à un juge, sans distinguer d'après les pouvoirs du juge, il n'y avait donc qu'un contentieux ; on n'avait à distinguer que ce qui était contentieux ou ce qui ne l'était pas ; on appelait *administration discrétionnaire* celle dont les actes n'étaient pas susceptibles du soul recours qui, primitivement, entraînât un litige devant un juge, le recours contentieux ordinaire ; lorsque le recours pour excès de pouvoir se développa, on se borna, d'abord, au lieu de distinguer nettement deux contentieux et deux recours, à remarquer que l'excès de pouvoir faisait tomber les actes discrétionnaires dans le *contentieux*.
3. ↑ Ces assertions se produisaient à propos de la question de savoir si le Conseil d'État était une véritable juridiction, ce qui avait été contesté par plusieurs commissaires du gouvernement devant les Chambres, pour que celles-ci votassent plus facilement le budget relatif au Conseil (tellement la juridiction administrative était l'objet de violentes attaques).
4. ↑ Sans compter que le recours pour excès de pouvoir se développant toujours, devait finir par être donné, lui aussi, pour violation des droits acquis créant ainsi une confusion inextricable.
5. ↑ Voici quelques citations instructives :

1° Foucard, *Eléments de droit public et administratif*, 3ᵉ édit., 1843, t. III, n° 1790 et s. : « Le recours est contentieux lorsqu'il est fondé sur un droit — mais il ne faut pas croire que la réclamation soit fondée sur un droit et par conséquent soit contentieuse par cela seul qu'elle s'élève *à l'occasion d'un droit* qui est froissé, car il n'y a point de décision administrative qui ne froisse très légalement soit un droit personnel soit un droit réel. Il n'y a réellement contentieux que dans le cas où la réclamation est appuyée sur un droit *que l'administration est obligée de respecter* ».

« Notre honorable collègue M. A. Chauveau dans ses principes de compétence et de juridiction administrative part, comme nous, de la distinction des intérêts et des droits pour baser sa théorie du contentieux ; mais il étend beaucoup trop la catégorie des réclamations fondées sur des droits en disant : « toute détérioration, tout amoindrissement de ce droit absolu (la propriété), toute prohibition d'user, de jouir, tout dommage perpétuel ou temporaire, accidentel ou volontaire, grave ou léger, doivent être considérés comme une atteinte au droit, L'acte administratif qui porte cette

atteinte au droit est contentieux », t. I, p. 83. Il résulterait de ce principe que l'on doit ranger dans le contentieux tous les actes de l'administration qui déclarent d'utilité publique les projets d'expropriation, la navigabilité des rivières, la largeur des chemins vicinaux, etc. C'est aussi la conséquence à laquelle arrive l'auteur (*Id.*, p. 65) ; mais comme alors il n'y aurait pour ainsi dire plus d'administration discrétionnaire, puisqu'il y a bien peu d'actes administratifs qui ne modifient soit des droits réels, soit des

droits personnels, M. Chauveau est obligé de faire un nombre prodigieux

d'exceptions ou de *déclassements* (id., 62 et s.), de telle sorte qu'il détruit d'une main ce qu'il vient d'élever de l'autre et jette les plus grandes difficultés sur la distinction des matières contentieuses. La théorie que nous venons d'exposer est aussi adoptée par Serrigny dans son traité de la compétence, t. I, p. 34, 1ʳᵉ édition ».

2° Vivien, *Études administratives*, première série, 1845, p. 284 :

« Le contentieux administratif se compose de toutes les réclamations fondées sur la violation des obligations imposées à l'administration par les lois qui la régissent ou par les contrats qu'elle souscrit », p. 286. — Voici une assertion qui nous ramène au contentieux de nature : « les affaires du contentieux administratif sont innombrables, mobiles, incessantes ; elles n'en font pas partie en vertu d'un texte de loi, parce qu'il aura pour ainsi dire plu à un législateur de les y comprendre, mais bien par leur nature propre ; aucune loi spéciale n'a dû intervenir pour les y classer, il en faudrait une pour les en distraire ; elles composent entre elles un ensemble légal, un corps de droit ; les lois et les principes généraux qui les régissent forment le droit commun de l'administration » — mais tout de suite la contre-partie : « Jamais le Conseil d'État n'a admis de recours s'il ne s'agissait d'une réclamation fondée sur un droit et si ce droit n'appartenait pas à l'action administrative... il a toujours repoussé toute prétention fondée sur un simple intérêt, l'a renvoyée devant l'administration pure et a refusé d'en connaître par la voie contentieuse ». — Même doctrine dans son rapport sur la loi du 3 mars 1849, *Moniteur*, p. 108.

3° F. Laferrière, Cours de droit public et administratif, 1860, 2ᵉ vol. p. 538 :

Pour qu'il y ait contentieux administratif, trois conditions, il faut : 1° qu'il y ait un acte spécial ou un fait particulier de l'administration ; 2° que la réclamation contre cet acte soit fondée sur un droit acquis ; 3° que la réclamation se rapporte à un intérêt de l'ordre administratif ;

Développement de la deuxième condition : le jugement en matière administrative comme en matière civile *est déclaratif* ; il a pour base un fait et un droit ; le fait c'est l'acte de l'administration ou de son agent ; le droit c'est la cause légale et préexistante en faveur de celui qui réclame contre l'entreprise administrative. — On doit entendre par droits acquis des droits certains et d'un caractère actuellement *irrévocable* qui naissent d'une loi administrative, d'une ordonnance, d'un décret, d'un contrat administratif, d'une loi civile ».

4° Cabantous, *Répétitions écrites sur le droit public et administratif*, 4ᵉ édit., 1867, p. 303, n° 370 :

« Il est généralement admis que la juridiction gracieuse doit être saisie lorsque la réclamation est fondée sur un *simple intérêt* et qu'il faut s'adresser à la juridiction contentieuse lorsqu'on invoque un *droit acquis*. Mais quels sont les signes du simple intérêt et du droit acquis ?

Il y a simple intérêt si l'acte on le fait contre lequel on réclame n'a pas été accompli *au mépris d'une obligation légale de l'administration*. Il y a droit acquis si le fait ou l'acte contre lequel on réclame a été accompli *au mépris d'une obligation légale de l'administration*.

Les sources des obligations de l'administration sont au nombre de deux : la loi et les contrats. »

5° M. Ducrocq, *Cours de droit administratif*, 6ᵉ édit., 1881, 1ᵉʳ vol. n° 249 : « Il y a droit acquis chaque fois que l'acte ou le fait contre lequel on réclame a été accompli au mépris d'une obligation de l'administration, résultant d'un texte de loi, de règlement ou d'un contrat sous la protection duquel le réclamant peut se placer ; alors seulement la voie contentieuse est ouverte contre l'acte administratif. Il en est ainsi parce que si l'on ne peut opposer à l'administration au droit qu'elle soit tenue de respecter, une obligation légale, réglementaire ou contractuelle qui la

lie, elle est autorisée par la loi à répondre *jure feci*. » — M. Ducrocq n'a pas modifié sa doctrine dans sa 7ᵉ édition, cfr. 2ᵉ vol. nᵒˢ 423 et 427 ; il affirme cependant (n° 423) qu'il existe un contentieux de nature, abstraction faite des textes.

6° M. Aucoc, *Conférences sur le droit administratif*, 3ᵉ édition, 1885, p. 474 : « Pour qu'un acte de l'autorité administrative donne lieu à un recours par la voie contentieuse devant une juridiction de l'ordre administratif ou judiciaire, il faut la réunion de deux conditions : 1° que l'acte attaqué ait porté atteinte à un droit fondé sur une disposition de loi, de règlement ou de contrat ; 2° que l'acte attaqué ait pour effet immédiat de léser le droit du citoyen.

[Nous ne faisons que reproduire ici les théories établies par les maîtres de la science et consacrées par la jurisprudence du Conseil d'État. Depuis 1875, la table annuelle du recueil des arrêts du Conseil classe au mot recours contentieux les arrêts en diverses catégories correspondant à celles de la doctrine] ».

7° M. Brémond, *Traité de la compétence administrative*, 1894, n° 747. « Pour qu'un recours contentieux administratif soit possible, deux conditions sont nécessaires. Il faut : 1° *que la réclamation formée contre un acte* de puissance publique soit autorisée par la loi*; 2° que celui qui la* *forme* y ait intérêt. — n° 748, *autorisation légale*. Quelques auteurs donnent pour la première condition une autre formule : ils exigent que la réclamation soit fondée sur la violation d'un droit et ils opposent alors les demandes fondées sur la violation d'un droit qui constituent des recours contentieux aux réclamations ne visant qu'un intérêt lésé, lesquelles ne sont que de simples recours gracieux. Mais cette formule ne donne pas une idée complètement juste de la situation. Sans doute, en principe, l'intérêt plus ou moins satisfait ou froissé ne permet pas de réclamations par la voie contentieuse, mais dans certains cas, par des dispositions formelles, le législateur autorise de véritables recours contentieux contre des actes qui ne peuvent porter préjudice qu'à de simples intérêts ; il en est ainsi, notamment, en matière d'établissements insalubres. D'autre part, la violation d'un droit ne donne pas nécessairement naissance à un recours contentieux ; il y a des cas en effet où l'administration est autorisée par la loi dans une vue d'intérêt public à porter une atteinte véritable aux droits privés et il est bien évident que les particuliers ne peuvent alors saisir les tribunaux de leurs plaintes contre des actes parfaitement légaux (V. Béquet, v° *Contentieux*, n° 340).

On peut ajouter toutefois que quand on se fonde sur la violation d'un droit, on a un recours contentieux en principe, sauf à l'administration à produire le texte qui refuse ce recours ; tandis que quand on n'agit que pour la protection d'un simple intérêt la règle est qu'on ne peut procéder que par la voie gracieuse, sauf au réclamant à prouver que la voie contentieuse lui est ouverte (C. E., 5 mars 1875, Blanc). — *Sic*, Béquet, v° *Content.*, n° 497. »

8° M. Edouard Laferrière, *Traité de la juridiction administrative*, 2ᵉ édition, 1896. M. Laferrière lui-même n'a pas rompu avec la théorie du droit acquis et de l'autorisation légale, puisque dans ses notions générales sur le contentieux administratif, t. I, p. 3 et suivantes, après avoir rappelé la définition de Vivien, les tentatives faites pour énumérer législativement les cas de contentieux dont il explique l'insuccès par l'impossibilité de tenir la loi du contentieux à jour par rapport aux lois particulières créant des cas de contentieux, il aboutit à cette définition : « le contentieux administratif comprend l'ensemble des réclamations fondées sur un droit ou sur la loi et qui ont pour objet, soit un acte de puissance publique émané de l'administration, soit un acte de gestion des services publics déféré à la juridiction administrative par des dispositions de lois générales ou spéciales », p. 8.

Il y a bien là : 1° l'idée fausse que l'acte de gestion ne créerait que du contentieux administratif *par détermination de la loi* et non pas du contentieux administratif *par nature* ; 2° la méprise qui consiste à fonder le recours sur le droit acquis ou sur la loi au lieu de le fonder sur la situation *contentieuse*.

A aucun moment, d'ailleurs, il n'est question d'un développement spontané du recours contentieux ordinaire. Alors que les textes, se répétant à l'envi, chargent le Conseil d'État de statuer sur *les difficultés qui s'élèvent en matière administrative* ou sur *les affaires contentieuses*, ou sur *les recours en matière contentieuse administrative* (Art. 52, constitution de l'an VIII ; L. 3 mars 1849, art. 36 ; L. 24 mai 1872, art. 9), fidèle à la tradition, M. Laferrière pour expliquer les développements du contentieux, n'invoque que les lois qui ont augmenté le contentieux d'attribution (t. I, p. 241, p. 276).

6. ↑ Élections aux Chambres de commerce et aux Chambres des arts et manufactures (C. E., 22 août 1853, *de Rochetaillée* ; 9 nov. 1877, *Bertrand Binet* ; 8 août 1890, *Sebert* ; 23 déc. 1887, *Courvesy*. — Cfr. Laferrière, II, 388.
7. ↑ Spécialement, dans les arrêts *Cadot*, etc., on sait que si le Conseil d'État s'est saisi de recours qui n'étaient fondés sur aucun texte et qui ne correspondaient à aucune obligation légale de l'administration, ç'a été pour affirmer sa qualité de juge de droit commun.
8. ↑ Au § 3 nous serrerons de plus près la véritable nature juridique de la coopération qui fait le fond de la gestion.
9. ↑ L'opinion générale est que les hommes, ou plutôt les groupes humains, les clans, les tribus, les familles ont commencé par se rendre justice eux-mêmes ; il y a d'abord en des guerres que l'on appelle *privées*, quoiqu'elles soient aussi bien internationales par certains côtés ; ces guerres ont dégénéré en des voies d'exécution privées ne supposant pas nécessairement l'intervention d'un magistrat, soumises seulement à des formes réglées ; puis la puissance publique qui s'est constituée au-dessus de ces groupements primitifs a proposé son arbitrage ; celui-ci dut d'abord être accepté expressément, ensuite l'acceptation devint tacite et forcée. Ce long processus historique, cette lente acceptation de l'idée de l'instance juridictionnelle telle que nous la concevons aujourd'hui sont

également saisissables dans les rapports qui sont devenus le droit privé et dans les rapports internationaux :

1° Pour le droit privé romain les témoignages sont précis. Sous le système des actions de la loi et encore sous le système formulaire, l'instance ne peut s'engager que par la comparution personnelle des deux parties, une première difficulté est d'amener le défendeur à se présenter ; c'est que la procédure doit se nouer entre les deux parties, le magistrat ne joue qu'un rôle d'assistant (Girard, *Manuel élémentaire de droit romain*, 2e édit., 1898, p. 152, 979) ; d'ailleurs, le droit de justice privée est resté intact pendant toute la République à côté des instances judiciaires (*eod.* p. 944); — On emploiera bien des moyens de contrainte indirects, pour assurer l'effet de l'*injus vocatio*, mais la véritable sanction de l'obligation d'accepter l'instance, c'est-à-dire le jugement par défaut, n'apparaîtra qu'avec la procédure extraordinaire et ne sera complètement constituée que sous Justinien (*eod.*, p. 979, p. 1035, p. 1043) — Sous la procédure formulaire la *litis contestatio* marquera le moment où le défendeur ayant accepté la formule, le contrat judiciaire est noué et les effets novatoires de la *litis contestatio* s'expliquent par cette idée (Wlassack, *litia contestatio in formular process*, 1889. Cfr. Girard, *eod.*, p. 981). Le juge devant lequel se déroulera la procédure *in judicio* est également accepté par les deux plaideurs, etc., etc. D'une façon générale, toute la procédure romaine ordinaire a la physionomie d'un arbitrage accepté (E. Cuq, *Les institutions juridiques des Romains. — L'ancien droit*, 1891, p. 406 ; Jobbé Duval, *Études sur l'histoire de la procédure civile chez les Romains* 1896, I, p. 57 ; Mathiass, *die entwicklung des römischen schiedsgerichts*, p. 9 et s.), et d'ailleurs tout le droit privé romain semble procéder d'un pacte conclu entre des familles (Cuq, *op. cit.*, p. 738).

Le même développement as retrouve dans le droit franc et chez quantité de peuplades primitives (E. Glasson, *Histoire du droit et des institutions de la France*, I, p. 122 ; III, p. 390 et s. Declareuil, *La justice dans les coutumes primitives*, Nouvelle revue historique, 1889, t. XIII, p. 153, 363. — Kowalewski, *Coutume contemporaine et loi ancienne.* — Brissaud, *Manuel d'histoire du droit français*, 1899, p. 480, 567 et 632).

2° Dans le droit international public, la marche suivie est analogue : d'abord, les États se rendent justice eux-mêmes par la guerre, il se crée des formes et tout un droit de la guerre ; plus tard l'intervention de tiers, qui représentent un ordre public international se manifeste par la médiation et l'arbitrage ; l'arbitrage doit d'abord être accepté dans chaque cas particulier par les intéressés, puis des États se lient par des traités permanents d'arbitrage, enfiu, à mesure qu'un ordre public international s'affirme, apparaît l'idée d'un arbitrage imposé (Cfr. Pillet, *Le droit de la guerre* ; Rouard de Card, *Les destinées de l'arbitrage international*; Mérignhac, *Traité théorique et pratique de l'arbitrage international*, etc.

Or, dans les rapports de l'administration et des administrés, le processus historique du litige est le même, avec cette observation que seule ici l'administration a le droit et le pouvoir de se faire justice elle-même. C'est par là qu'elle commence. Par de simples décisions administratives elle réalise entièrement son droit d'une façon extrajuridictionnelle (V. *mon précis de droit adm.*, p. 871. Cfr. Girard, *op. cit.*, p. 944). Seulement, les intéressés protestent et c'est sur la réclamation qui sait cette réalisation administrative du droit, qu'un véritable procès va s'engager, c'est ici que se pose la question de savoir si l'administration acceptera ou n'acceptera pas le rôle de défendeur.

10. ↑ A Rome, l'organisation des procès entre citoyens et pérégrins devant le préteur pérégrin est considérée comme ne remontant pas au delà de la loi *Silia*, qui elle-même n'est pas plus ancienne que le ve siècle. (Cfr. Pernice, *Labeo*, t. III, p. 234 ; Girard, *L'Histoire de la condictio*, a. R. h., 1895, p. 418. — En sens opposé, Jobbé-Daval, *Étude sur l'histoire de la procédure civile chez les Romains*, I, p. 125). Quoi qu'il en soit, d'ailleurs, du rôle joué par la loi Silia en cette matière, il est certain qu'il y a eu une époque où le pérégrin était obligé de s'adresser aux bons offices d'un citoyen, d'un hôte, lorsqu'il avait un procès à soutenir devant la justice romaine. Dans notre ancien droit l'étranger demandeur ne fut admis à ester en justice qu'à la condition de fournir la caution *judicatum solvi*.

11. ↑ V. Esmein, *Cours élémentaire d'histoire du droit français*, 3e édit., 1898, p. 153 et s.

12. ↑ Il n'est pas douteux que les tribunaux consulaires sont nés de la société spéciale établie entre les marchands et qu'ils eurent au début une compétence *ratione personæ*. Cfr. Thaller, *De la place du commerce dans l'histoire générale, Annales de droit commercial*, 1892, p. 197 et s. ; Glasson, *Les consuls des marchands, Nouvelle revue hist.*, année 1897, p. 5 et s. ; François Morel, *La juridiction commerciale au moyen âge*, Paris, 1897 ; Huvelin, *Essai historique sur le droit des marchés et des*

foires, Paris, 1897 ; Thaller, *Traité élémentaire de droit commercial*, 1898, p. 1061.

La société établie entre l'administration et l'administré étant aussi très spéciale, il est naturel que le juge chargé du contentieux soit spécial.

13. ↑ V. M. Esmein, *La chose jugée dans le droit de la monarchie franque*, *Nouvelle revue historique*, 1886, p. 545.

14. ↑ On peut soutenir en effet que la compétence de la juridiction administrative est essentiellement objective, qu'elle n'existe qu'à l'occasion d'un acte de l'administration.

Quant aux actions judiciaires intentées contre l'administration, elles le sont directement contre la personne sans qu'il y ait lieu à décision administrative préalable, et, cependant, même ici, il existe un détail de procédure bien significatif : le demandeur doit avant d'engager l'instance, déposer un mémoire. Cette formalité est pour permettre à l'administration d'échapper à l'instance en donnant satisfaction au demandeur. Ici, elle ne peut pas *refuser* le juge, mais elle tient à l'*éviter*. Cfr. mon *précis de droit administratif*, p. 873.

15. ↑ Cfr. Laferrière, *op. cit.*, II, 433, au sujet d'une disposition d'un projet de loi déposé le 21 juillet 1894 ; — à signaler aussi la disposition de l'art. 16, § 3 de la loi du 1er avril 1898 sur les sociétés de secours mutuels : « l'approbation ou le refus d'approbation doit avoir lieu dans le délai de trois mois ». Bien que ce texte ne soit pas rédigé d'une façon très claire, il me paraît qu'il a eu pour but de forcer l'administration à statuer et à engager le contentieux, que par suite le silence gardé pendant plus de trois mois équivaudra à décision de rejet ; — à signaler enfin la disposition des art. 14 et 15, D. 12 avril 1880, sur les élections des consistoires protestants qui, elle, est parfaitement claire.

16. ↑ Il faut remarquer que dans la théorie du recours pour excès de pouvoir, conformément au principe, un simple intérêt suffit à la recevabilité du recours. Même dans l'hypothèse du recours fondé sur la violation de la loi et du droit acquis, ce n'est pas au moment de la recevabilité qu'il est besoin d'invoquer le droit acquis, c'est seulement au moment du débat au fond; la violation du droit acquis n'est pas une condition de recevabilité, elle est une ouverture, c'est-à-dire l'espèce d'excès de pouvoir qu'il s'agit de justifier au fond.

Il en est de même absolument pour le recours contentieux ordinaire, la violation du droit acquis n'est à invoquer que pour la justification au fond ; l'intérêt seul importe à la recevabilité. Si ces propositions ne sont pas classiques, c'est que la théorie du contentieux ordinaire ayant été négligée depuis quarante ans, on n'y a pas introduit encore la distinction nécessaire de la recevabilité et du débat au fond.

17. ↑ V. notamment Jellineck, *System der subjectiven öffentlichen Rechte*, Fribourg, 1892 ; Longo, *La teoria dei diritti publici subiettivi e il dirrito amministrativo italiano*, Palerme, 1892, 84 p.
18. ↑ Par M. J. Barthélémy, *Essai d'une théorie des droits subjectifs des administrés dans le droit administratif français*, Paris, Larose, 1899, in-8°, 204 p.
19. ↑ La distinction de l'objectif et du subjectif a peut-être plusieurs sens. Dans tous les cas, en voici un fort intéressant une situation juridique est objective lorsque par elle-même elle n'implique pas relation de droit entre les parties en présence, elle est subjective lorsqu'au contraire par elle-même elle implique relation de droit. A ce compte, tandis que les droits de créance correspondraient à des situations complètement subjectives, les droits réels correspondraient à des situations en partie objectives, par cela même qu'ils sont en partie absolus, c'est-à-dire en partie soustraits aux relations juridiques des parties en présence. Notamment, la théorie des actes de pure faculté serait objective, car elle serait en dehors des relations juridiques de voisinage, elle représenterait la partie du droit de propriété qui est véritablement *in re*. La propriété aurait ce privilège de donner lieu, comme la puissance publique, à des actes purement objectifs correspondant aux actes d'autorité, elle serait le pouvoir privé faisant équilibre à la puissance publique. Nous aurons plus loin l'occasion de revenir sur ces considérations qui sont appelées à jouer un grand rôle dans le contentieux.
20. ↑ Art. 1842, C. civ. : « le contrat par lequel plusieurs personnes s'associent, soit pour une entreprise désignée, soit pour l'exercice de quelque métier ou profession, est aussi une société particulière ». Il faut appliquer cette définition *mutatis mutandis*, dans la gestion il n'y a pas contrat de société, mais seulement société par situation d'état (*infra*, § 3).
21. ↑ J'ai soutenu en conséquence que les traités passés par les villes pour l'éclairage au gaz n'auraient pas dû être interprétés comme entraînant monopole pour toute espèce d'éclairage public et privé (Sirey, 1894, 3, p. 1 ; *eod.*, 1896, 3, p. 129) ; que les garanties d'intérêts stipulées dans les conventions de chemins de fer auraient dû être limitées à la date fixée en 1859-1863 puisqu'il n'y avait pas eu de prorogation expresse en 1883 (S. 97. 3. 1). Sur ces pointa je suis en désaccord avec la jurisprudence du Conseil d'État et avec M. Aucoc (*La justice administrative en France*, Annales de l'école libre des sciences politiques, 1898, p. 675).

§ 3. — **Les caractères juridiques de la gestion administrative.**

Jusqu'ici nous nous sommes bornés à définir la gestion administrative une coopération, une collaboration, en somme une association *sui generis* établie entre l'administration et l'administré en vue du service public ; cette notion bien qu'un peu vague nous a suffi, soit pour la recherche des cas d'application de la gestion, soit pour l'explication de la formation du contentieux de pleine juridiction. Mais le jurisconsulte ne se satisfait jamais d'approximations, tant que son analyse peut se poursuivre il la pousse plus avant et il est rare qu'à préciser toujours davantage son idée il ne lui trouve pas de nouveaux intérêts pratiques, qu'à porter sa marche plus loin il ne découvre pas de nouveaux horizons. La coopération, la collaboration ? ce sont peut-être des notions économiques ou sociales plutôt que juridiques. Une association *sui generis* ? Sans doute cela est une notion juridique, mais indéterminée et dont il reste à définir le caractère particulier.

Observons d'abord, que la collaboration qui fait le fond de la gestion s'établit entre des personnes juridiques et que de ce chef il n'y a point d'obstacle à ce qu'elle produise des effets de droit. Sans doute, nous nous sommes servis jusqu'ici pour la commodité du langage et nous nous servirons encore de l'expression administration, collaboration de l'administré et de l'*administration*, mais tout le monde sait que l'administration se résout en des *personnes administratives* et, que dès lors, dans l'association de l'administré avec la personne morale État, ou la personne morale Commune, ou la personne morale Département, il y a bien véritablement deux êtres possédant la capacité juridique de s'associer. Cela dit, venons au caractère particulier de cette sorte d'association.

I. La première question à régler est celle de savoir si l'association *sui generis* entre l'administration et l'administré qu'il y a dans la gestion est un contrat ou au contraire une situation d'état. Qu'elle ressemble à un contrat cela n'est pas douteux, j'ai moi-même déjà invoqué cette ressemblance ; d'autre part, si le contrat n'est pas son type il est certainement une limite quelle atteint parfois, car il y a des actes de gestion contractuels (les contrats administratifs), mais le type de la gestion est-il le contrat ?

On est fortement tenté de l'affirmer, sauf à résoudre ensuite la question subsidiaire de savoir si ce contrat serait de droit privé ou de droit public. En principe, peut-on dire, toutes les associations sont contractuelles ; sans doute la société politique qui est en un certain sens l'association fondamentale, n'est point contractuelle, du moins, elle ne l'est pas complètement, la théorie du contrat social est abandonnée ; mais aussi est-on en droit de se demander si la société politique est bien véritablement un fait juridique ;

elle ne le devient peut-être que dans la mesure, petite ou grande, où elle est contractuelle. L'association établie entre l'administration et l'administré en vue de la gestion du service public serait donc une variété de contrat.

En fait, on a usé de cette explication dans des cas spéciaux de gestion, par exemple lorsqu'il s'est agi de déterminer la situation juridique du fonctionnaire. Il y a une quantité considérable de théories sur cette matière, surtout en Allemagne pays des théories[1] ; mais la plus généralement soutenue allègue que le fonctionnaire est dans une situation contractuelle. Tantôt il s'agirait d'un contrat privé, louage de service ou mandat, c'est la forme que la théorie a prise en France[2] ; tantôt on inclinerait plutôt vers un contrat de droit public, ce qui est la tendance en Allemagne, sauf à interpréter encore de différentes façons le contrat[3]. On se heurte bien à une difficulté, c'est que le contrat, même consensuel, a toujours été considéré comme exigeant un élément de forme, qui est justement l'échange des consentements, et que, dans une opération ou à aucun moment ne se produit l'échange des consentements, il paraît difficile de voir un contrat. Or, la seule forme qui se manifeste dans la nomination du fonctionnaire est un acte unilatéral de l'État ayant l'apparence d'un décret où d'une ordonnance, c'est-à-dire un acte qui est aux antipodes du contrat[4]. Mais on répond en niant la nécessité de l'élément formel du contrat et en affirmant qu'il y a contrat dès qu'au fond la coexistence de deux consentements (même s'ils n'ont pas été échangés) engendre des droits et des obligations réciproques[5]. Cette théorie du contrat public a une portée très générale. On l'a appliquée à la naturalisation[6], à l'expropriation pour cause d'utilité publique[7] ; on l'a étendue à des lois réglant la situation de certains groupes de population et qui cacheraient au fond des conventions publiques, par exemple les lois organiques relatives aux cultes protestant ou israëlite[8] etc…

J'avoue que je répugne à cette théorie du contrat public. Elle n'est au fond qu'une résurrection de celle du contrat social, avec cette variante que l'on supprime la fiction du pacte initial qui seule faisait sa raison d'être. Je suis de ceux qui pensent qu'il n'y a pas de contrat sans pacte et que les situations visées ne comportent point de véritable pacte. La vérité est que la gestion administrative et la collaboration qu'elle recèle et tout ce qu'il y a d'association *sui generis* dans l'affaire s'explique autrement, par l'idée de la *situation d'état*.

Certes, la notion de la situation d'état n'est pas commode à dégager, mais on conviendra qu'il est indispensable qu'on en ait une. S'il existe une théorie juridique de l'État et si elle s'éloigne du contrat social, il faut qu'elle s'appuie sur un autre fait juridique qui ne saurait être que la situation d'état, c'est-à-dire la situation même qui engendre l'État. Pour moi, je vois la situation d'état dans toute forme stable des rapports sociaux qui tend à s'exprimer par la loi ou d'une façon plus générale par la réglementation légale[9]. La situation d'état se différencie donc du contrat dans la mesure exacte où la loi s'en différencie elle-même. Si la théorie du contrat social est impuissante à expliquer la loi, elle l'est par là même à expliquer la situation d'état.

Il y a dans la loi et dans la situation d'état ce premier élément commun qu'elles existent, non pas seulement en vertu d'un consentement émané des hommes, mais aussi en vertu d'une nécessité de l'organisme social ou d'une fonction[10] ; elles ne sont pas uniquement le produit de la volonté individuelle, elles sont « un rapport nécessaire qui découle de la nature des choses ». — Il y a ce second élément commun que pour la part où la loi et la situation. d'État sont volontaires, elles ne reposent point sur des consentements échangés dans un pacte, mais sur des décisions unilatérales plus tard silencieusement acceptées. Ces actes unilatéraux sont des concessions faites par le plus puissant ou au contraire des usurpations ; aux époques de progrès de la justice, ce sont des concessions. Elles interviennent *au cours d'une marche parallèle* et c'est ce qui leur donne une valeur. Les hommes, emportés par le même mouvement social, peuvent aller dans le même sens sans s'être concertés. En politique, l'action parallèle des partis est bien connue ; elle n'existe pas qu'en politique, elle est un fait très général de la vie sociale. Par elle-même l'action parallèle établit une confiance entre les hommes, elle donne donc une valeur aux actes qui interviennent et qui sont de nature à lier, elle tend à transformer en lois les conditions d'activité qui se dégagent, et en situations d'état les situations de fait.

Or, si la situation d'état correspond essentiellement à la loi, il est naturel qu'elle ait une valeur » légale », qu'elle s'impose « comme une loi » aux parties intéressées, qu'elle devienne la loi des parties et, d'autre part, si la loi, comme la situation d'état, ont l'origine que nous venons de définir, il est naturel que cette valeur légale soit différente de la valeur contractuelle.

Il y a plusieurs espèces de situation d'état ; il y a notamment des situations de simple coexistence ou de simple voisinage, et des situations de collaboration, d'association active (v. p. 53 et p. 57). La situation d'état créée par la gestion administrative est de la seconde espèce.

L'exactitude de cette théorie générale est confirmée par l'examen particulier de la situation du fonctionnaire. Comment ne pas être contraint d'avouer que c'est une situation d'état ? Outre que l'ensemble des fonctionnaires fait partie de l'organisme même de l'État, ce qui déjà crée un singulier préjugé, on voit bien que la condition du fonctionnaire est purement légale ou réglementaire[11] et dès que sa situation s'affirme par des concessions de l'administration, on dit justement qu'il lui est constitué un état, c'est-à-dire une situation d'état, par la propriété d'un grade, d'une chaire, d'un office, etc. En réalité le fonctionnaire est dans une situation d'état très complexe : 1° il est dans une situation de gestion, car le mouvement même des services publics, l'action parallèle qui s'y déploie, en fait un collaborateur de l'administration, de là découlent ses droits ; 2° il est dans une situation de puissance publique à titre de concessionnaire d'une fonction publique, de là viennent ses obligations ; 3° ces deux situations d'état s'amalgament en ce sens que le fonctionnaire, grâce à l'idée de gestion, finit par acquérir des droits même sur la fonction concédée.

Non seulement la situation d'état existe à côté du contrat comme fait juridique, non seulement elle est plus que le contrat up fait du droit public, mais elle se propage, elle gagne du terrain à mesure que la vie sociale devient davantage publique et administrative. N'est-il pas évident que la situation des masses d'ouvriers ou d'employés des grandes usines et des grandes compagnies, purement contractuelle au début, évolue de plus en plus vers la réglementation, c'est-à-dire vers la situation d'état ? Qu'est-ce aujourd'hui que l'embauchage d'un ouvrier, si ce n'est la nomination d'un agent qui se soumet au règlement de l'usine ? Et quel est le fondement véritable de toutes ces institutions nouvelles qui germent dans le champ de l'industrie, ces caisses de secours, ces assurances contre l'accident, ces pensions de retraite ? Le contrat de louage largement interprété ? Non. Un ordre social nouveau qui se fonde avec de nouvelles exigences et de nouvelles fonctions, de multiples concessions des patrons intervenues dans la marche parallèle d'un troupeau d'hommes, une situation d'état qui s'établit, un régime légal qui se crée. Certes, de ce côté-là la situation d'état n'a pas dit son dernier mot et si je ne m'étais enfermé dans la gestion administrative, si j'avais pris l'idée de coopération dans toute son acception et notamment dans son sens économique, j'aurais eu à montrer que la répartition des bénéfices de l'industrie entre le patron, le capital et les ouvriers, se fait et doit se faire comme dans la gestion, par des concessions réitérées de ceux qui détiennent le pouvoir économique au profit de ceux qui ne le détiennent pas, concessions amenées par la force même des choses et par l'action parallèle, non point par le contrat.

II. Ainsi dans la gestion administrative, l'administration et l'administré ne sont point associés par le contrat (sauf dans les hypothèses de gestion formellement contractuelle) ; ils le sont par l'ordre légal, par l'ensemble de toutes les situations d'état sur lesquelles repose le fonctionnement des services publics ; c'est la force des choses et c'est aussi les concessions volontaires faites par l'administration qui les ont mis sur le pied de la collaboration (cfr. p. 60). Il se présente maintenant une seconde question dont la solution est d'un intérêt capital pour les destinées du droit administratif : la situation de gestion est-elle de droit public ou de droit privé ?

Si elle est de droit privé ou si seulement elle incline vers le droit privé, voilà le droit administratif dans une singulière posture, à cheval sur le droit public et le droit privé, relevant du premier par la théorie de la puissance publique, du second par celle de la gestion ; voilà les plus importantes, les plus fréquentes des opérations administratives qui retombent dans le droit privé ; voilà le contentieux administratif réduit, si l'on est logique, au contentieux de l'annulation ; voilà que le contentieux de la pleine juridiction est condamné à disparaître pour faire place tôt ou tard à un contentieux judiciaire. Voilà, enfin, que la personnalité privée de l'État et des diverses administrations se développe rapidement, car il y faut rattacher tous les droits de la gestion s'ils sont purement privés, le droit d'impôt, le droit d'expropriation, le droit de travaux publics ; or, la personnalité privée, c'est le Fisc. Confiné jusqu'ici dans de très humbles emplois, n'ayant à gérer qu'un très petit domaine privé, le fisc s'impatiente et son ambition croît dans l'ombre. Dans nos démocraties dépensières dont la dette grossit, qui, d'autre part, sont menacées par une ploutocratie grandissante, il sent venir l'heure où le premier des besoins publics sera le besoin d'argent, où l'arme de la puissance publique, son instrument de défense, sera l'impôt. Il se prépare pour ce jour dont l'aurore se lève. Si, d'ici là, l'impôt est détaché de la puissance publique pour être rattaché au fisc, si des doctrines imprudentes se propagent, c'en sera fait, le fisc sera le maître, car c'est lui qui fournira l'impôt et qui l'administrera comme un domaine privé. Il ne sera plus question de la collaboration du contribuable aux dépenses des services publics, il y aura un domaine fiscal fonctionnant pour luimême ; il n'y aura plus de contributions, mais des droits domaniaux. Jusqu'ici la puissance publique a dominé la finance publique, désormais la finance publique dominera à son tour. Ce sera le recommencement du Bas-empire et de la Féodalité. Les éléments de l'organisme fiscal sont prêts, un simple trait de plume, un décret peut les réunir ; notre énorme ministère des finances n'est jusqu'ici qu'une expression nominale, il peut devenir une dangereuse réalité vivante ; il y a plusieurs régies financières, par un instinct de préservation politique on les a jusqu'ici maintenues divisées, on a entretenu des rivalités, mais qu'on les groupe au contraire et le fisc naît pourvu d'avance d'une énergique vitalité[12].

Si, au contraire, la situation de gestion reste rattachée au droit public, le droit administratif conserve le caractère homogène d'une branche du droit public ; le contentieux administratif de pleine juridiction subsiste ; les droits de gestion continuent à relever de la personnalité de puissance publique, le fisc ne se développe pas. En somme notre droit public français conserve sa physionomie traditionnelle que nous ne pouvons nous défendre d'aimer. La puissance publique s'y prodigue peut-être d'une façon un peu indiscrète ; de même qu'un ministre ne saurait se déplacer sans qu'à toutes les stations les musiques militaires viennent lui donner l'aubade et sans que l'on mobilise tous les fonctionnaires du lieu, de même une pierre ne saurait être remuée, dans de certaines conditions, sans que la compétence du conseil de préfecture soit mise en mouvement. Mais cet étalage de la force exécutive ne nous déplaît pas et au fond nous nous disons avec quelque raison que plus la puissance publique se montre, moins elle est dangereuse pour la véritable liberté.

Je compte examiner la question du caractère public de la gestion administrative dans son principe et ensuite dans son corollaire du contentieux administratif de pleine juridiction.

A. La question de principe se ramène à celle-ci : dans la gestion administrative subsiste-t-il de la puissance publique ? Si, en effet, il en subsiste, il devient malaisé de faire glisser la gestion dans le droit privé.

Si nous envisageons la puissance publique comme la force même qui actionne les services publics, et il est difficile de nier la réalité de cette conception quand on voit tous les fonctionnaires, tous les citoyens chargés d'un ministère de service public, considérés comme des dépositaires d'une parcelle de la puissance publique[13], il est évident que cette force subsiste dans le fonctionnement des services. Une force a deux états, l'état de puissance et l'état de mouvement ou de travail, mais elle est une force aussi bien dans le travail que dans l'état de puissance. Il ne faut pas que l'expression « puissance publique » nous égare, la puissance publique c'est aussi le pouvoir *exécutif* appliqué au fonctionnement des services publics, par conséquent elle existe non seulement dans les actes d'autorité qui correspondent à la situation de repos. ou de « puissance » proprement dite, mais aussi dans les actes de gestion qui correspondent au mouvement et à l'exécution. L'énergie de la puissance exécutive se fait sentir ainsi dans tous les services, même dans ceux qui ne diffèrent point par leur objet de certaines gérances privées. Dès qu'une industrie privée est transformée en service public, la puissance publique y apparaît[14].

D'ailleurs, il est un artifice qui révèle immédiatement la puissance publique dans la gestion. Il consiste à se demander en vertu de quels droits l'administration accomplit les opérations de gestion ; on est obligé de confesser que c'est en vertu de droits de puissance publique, c'est-à-dire de droits exorbitants de la vie privée. L'opération de perception des contributions est de gestion (p. 23), le droit d'impôt est de puissance publique ; l'opération de travaux public est de gestion (v. p. 28), le droit de travaux publics est de puissance publique, il ne saurait dépendre d'une volonté privée de décider la création d'une route ou d'un chemin de fer devant entraîner des expropriations, des occupations temporaires, et payable sur les deniers publics ; même les opérations dont le contentieux a été attribué par des textes aux tribunaux judiciaires, restent l'exercice de droits de puissance publique ; il est clair, par exemple, que le droit d'expropriation est de puissance publique, que le droit de lever l'impôt indirect n'est pas moins de puissance publique que celui de lever l'impôt direct. Or, par quelle transformation magique l'exercice d'un droit de puissance publique serait-il ramené à n'être qu'un acte de la vie privée ? La logique demande impérieusement que s'il y a de la puissance publique dans le droit, il y en ait aussi dans l'acte ou dans l'opération par lesquels le droit est exercé, car un droit ne peut point changer de nature par cela même qu'il est exercé.

Serait-ce la nature même de l'opération par laquelle le droit est exercé qui aurait cette vertu de dénaturer son caractère ? On l'a insinué à propos des actes de gestion contractuels ; on a dit que dans le contrat la puissance publique acceptait la loi de l'égalité, qu'elle dépouillait par là même son caractère impérieux de puissance publique, qu'elle devenait comparable à une volonté privée. Ces assertions ne sont pas exactes. En droit, il n'est pas indispensable que deux contractants soient sur pied d'égalité ; la précaire conclue entre l'homme puissant et l'humble qui se recommandait était un contrat. Les situations contractuelles peuvent tendre vers l'égalité, elles ne l'impliquent pas nécessairement à leur base. Le contrat est fondé sur le consentement, or on peut consentir à être inférieur et inégal, si les lois ne l'interdisaient, le contrat d'esclavage serait possible. En fait, dans les contrats administratifs passés pour la gestion des services publics l'administration ne traite pas sur pied d'égalité, elle se réserve des privilèges. Outre le privilège de juridiction, faut-il rappeler tous ceux que peut invoquer l'état créancier où l'état débiteur, faut-il rappeler qu'en principe les décisions administratives dans les relations de l'État et de ses entrepreneurs et fournisseurs ont la même vertu que des décisions juridictionnelles pour les résiliations et la mise en régie ? Que tout contrat passé pour les services publics de l'État s'exécute par des décisions administratives et que ces décisions ont le privilège ordinaire de l'exécution provisoire ? Qu'elles permettent toujours à l'administration d'aller unilatéralement jusqu'au bout de son droit et qu'elles imposent au cocontractant qui veut réclamer, l'obligation de prendre le rôle de demandeur ? Qu'en un mot l'administration conserve toujours le privilège *du préalable* qui est l'attribut essentiel de la puissance publique ? Il ne faut pas s'en tenir à la façade quand on examine les contrats administratifs, il faut pénétrer dans le détail intérieur ; pour le marché de travaux publics par exemple, il faut étudier le cahier des clauses et conditions générales et se rendre compte de la situation subordonnée qu'il fait à l'entrepreneur.

Donc, même dans les actes de gestion contractuels, il n'y a pas la situation d'égalité qui est le propre de la vie privée, il s'y manifeste au contraire une inégalité et une subordination qui sont la caractéristique de la puissance publique. Et puis les contrats administratifs ne sont pas le type de l'acte de gestion, ils en sont au contraire la limite, il y a des actes pécuniaires unilatéraux comme la liquidation de dettes ou l'arrêté de débet, des actes de gestion forcée comme la réquisition ou l'occupation temporaire, des actes de gestion officieuse, comme l'élection ou l'autorisation d'établissements dangereux, où véritablement la puissance publique s'affirme.

En réalité, si nous revenons à l'idée de la collaboration, nous comprenons parfaitement la situation ; la puissance publique collabore avec certains administrés à la gestion du service public, si elle collabore c'est donc qu'elle continue d'être ; elle est liée en partie par la collaboration et par les concessions que celle-ci entraîne, il se crée là un état de société spécial qui pour n'être pas contractuel n'en engendre pas moins des effets juridiques, mais de ce que la puissance publique est liée, il ne s'ensuit pas qu'elle soit anéantie, ni même qu'elle soit ramenée au degré d'une volonté privée. La collaboration, contractuelle ou non, n'implique pas forcément égalité. Il y a collaboration entre le maître et le domestique, entre le maître et le disciple, il n'en subsiste pas moins une autorité magistrale ; il y a collaboration entre les époux, entre le père et les enfants, il n'en subsiste pas moins une autorité paternelle ou maritale ; il y a collaboration entre le patron et les ouvriers, il n'en subsiste pas moins une autorité patronale.

Ainsi en est-il de la puissance publique dans l'entreprise coopérative des services publics, elle accepte des concours et des dévouements, elle a des auxiliaires et des serviteurs, elle n'abdique pas pour cela la maîtrise ; elle reste un patron qui impose son droit en même temps que sa volonté.

Il n'y a qu'une limite au caractère public des opérations par lesquelles s'exécutent les services administratifs, c'est quand l'administration, au lieu de poursuivre directement l'accomplissement du service public par la voie de la gestion, pourvoit à son domaine privé. Alors même qu'ensuite le domaine privé devrait contribuer au service, le fait que la propriété privée est intervenue détruit le caractère public de l'opération. La limite de la gestion publique est donc l'administration du domaine privé, c'est-à-dire l'administration fiscale. On a contesté cependant qu'il y ait cette différence du fond entre l'acte de gestion et l'acte de personne privée ; ou on fait remarquer que l'administration du domaine privé comporte elle-même une certaine intervention de la puissance publique puisqu'elle suppose des actes d'autorité émanant des corps délibérants[15]. Si cette apparition de la puissance publique ne suffit pas à dénaturer l'opération de personne privée, pourquoi suffirait-elle à dénaturer celle de gestion et à en faire une opération publique ? Les hypothèses sont très différentes. Il faut distinguer en administration des décisions de principe et des décisions d'exécution. Les décisions de principe sont toujours des actes d'autorité. On dirait que la puissance publique s'y trace un programme à elle-même avant de passer à l'exécution, l'administration du domaine privé ne fait pas exception à la règle, les décisions de principe y sont des actes d'autorité tout comme dans l'administration des services publics. Par là se marquent à la fois l'unité fondamentale de la personne administrative et la suprématie de la puissance publique. C'est ensuite, dans les mesures d'exécution, que va se manifester la différence entre l'acte de gestion et l'acte de personne privée. Tous les deux sont des mesures d'exécution[16] ; seulement l'acte de gestion est un acte d'exécution dans lequel il subsiste de la puissance publique, l'acte de personne privée, un acte d'exécution dans lequel il n'en subsiste point[17]. Ce qu'il y a de particulier dans la gestion, c'est donc que la puissance publique y participe à l'exécution de ses propres décisions.

B. L'établissement d'une théorie raisonnée de la gestion, l'assurance que le recours contentieux ordinaire y trouve une source de développement spontané, la conviction acquise que les situations de gestion relèvent du droit public et qu'il y subsiste de la puissance publique à l'état de collaboration, tous ces résultats acquis nous conduisent maintenant à une conséquence finale qui est la réorganisation du contentieux administratif français. — Je parle, bien entendu, du contentieux de la pleine juridiction, car celui de l'annulation se trouve dans une belle période de progrès. — Il n'en est pas de même du contentieux de la pleine juridiction qui cependant est le contentieux fondamental, il est en désarroi. Les nouvelles générations qui arrivent au droit administratif apportent de plus en plus le goût des théories simples et logiques, ce qui est fort louable ; or, en abordant le contentieux ordinaire, elles ne constatent que confusion ; elles se trouvent en présence d'un amas de règles incohérentes sans aucun principe directeur, elles ont perdu la tradition qui les faisait accepter, elles prennent le parti de les répudier en bloc ; elles se montrent disposées à nier le contentieux ordinaire et à repousser toutes les matières administratives vers la compétence judiciaire. Si personne n'arrête la déroute, c'en est fini d'une institution qui pourtant remonte aux premières origines de la centralisation française, qui, par conséquent, doit correspondre à quelque nécessité des organisations centralisées en même temps qu'à des particularités de notre tempérament national.

Les principales causes de la confusion au milieu de laquelle on se débat me paraissent être les suivantes : 1° la croyance où l'on a été dans ces dernières années que le recours contentieux ordinaire n'ayant point de source spontanée, il n'y avait pas de contentieux de nature, mais seulement des déterminations faites par les textes un peu au hasard ; 2° les incertitudes sur la véritable interprétation à donner au principe de la séparation des pouvoirs qui depuis la Révolution est devenu la base positive de l'institution d'une juridiction administrative. D'une part, quel est le pouvoir administratif qu'il s'agit de protéger contre les empiétements du pouvoir judiciaire, dans quels actes se manifeste-t-il ? Est-ce dans toute espèce d'acte administratif ou seulement dans certains ? Se manifeste-t-il notamment dans les actes de gestion ? D'autre part, le principe de la séparation des pouvoirs ne doit-il pas être entendu dans un sens bilatéral, comme protégeant aussi l'indépendance de l'autorité judiciaire et lui réservant une sphère d'action à titre de gardienne des droits privés ? Ne devrait-on pas justement lui réserver les matières de gestion ?

A ces causes de trouble tout intimes il en faut ajouter d'autres qui proviennent du dehors. Nous commençons à savoir ce que pensent les étrangers de notre contentieux administratif. Or, toutes les appréciations ne sont pas admiratives comme celle de M. Franck Goodnow de New-York qui d'ailleurs ne visait que notre recours pour excès de pouvoir[18]. Dans un article sur *les conseils de préfecture et la justice administrative*, M. Michoud a cité des jugements sévères d'auteurs allemands tels que Sarwey, Ernst Meier, Gumplowicz, Schulze Governitz[19]. De notre côté, à mesure que nous prenons connaissance de l'organisation de la juridiction administrative dans les pays étrangers nous devenons moins sûrs des qualités de la nôtre[20]. Toutes ces constatations nous désorientent. Si nous ne doutons plus, comme au commencement du siècle, de l'utilité d'un contentieux administratif, si nous ne sommes plus disposés à attaquer l'institution du conseil d'État, ni même celle des conseils de préfecture, du moins nous souffrons d'un malaise et nous éprouvons le besoin d'une réforme. Un livre comme celui de M. Jacquelin sur les *principes dominants du contentieux administratif*[21], critique vigoureuse qui aboutit à cette conclusion qu'il n'y a pas de principes, est le symptôme d'une crise grave à laquelle il convient de porter remède.

Il faut que la doctrine française se ressaisisse et récrée une théorie du contentieux. Or, à mon avis, la gestion administrative doit être l'axe de cette théorie ; elle nous a déjà rendu la croyance en l'existence d'une source spontanée du recours contentieux ordinaire, ce qui est un point capital ; elle va de même nous permettre de déterminer le domaine propre de la compétence administrative et celui de la compétence judiciaire.

1º Si l'on veut une règle simple pour déterminer le domaine de la compétence administrative dans les matières de gestion, il faut aller jusqu'à cette affirmation que toutes ces matières relèvent en principe de la compétence administrative, M. Aucoc a constaté cette nécessité[22]. Mais une pareille proposition va à l'encontre de la tendance actuelle qui est au contraire d'abandonner en principe les matières de gestion au contentieux judiciaire, toutes les fois qu'on n'en est pas empêché par un texte[23] ; elle a donc besoin d'être fortement établie. La théorie de la gestion fournit deux arguments que je crois topiques :

a) Si, vraiment, la gestion se ramène à une sorte de collaboration établie entre l'administration et l'administré, cette forme originale de société, les pratiques qui s'y produisent, justifient par elles-mêmes la compétence d'une juridiction spéciale, car, en général, une forme particulière de société entraîne une forme correspondante de juridiction (V. p. 49) ;

b) Si, maintenant, nous nous plaçons sur le terrain de la séparation des pouvoirs et de l'interprétation des lois positives qui en ont établi le principe, nous avons à nous demander si ces lois ont voulu protéger seulement la puissance publique au repos, ou si elles ont entendu la protéger aussi dans son mouvement, dans son travail d'exécution des services publics. Dans la seconde hypothèse, les matières de gestion relèvent de la compétence administrative, car les actes et les opérations de gestion constituent justement l'exécution des services publics et nous savons que la puissance publique y est subsistante, que la collaboration qu'elle a acceptée ne lui enlève point toute son énergie. Or, le texte fondamental qui établit le principe de la séparation des pouvoirs ne laisse aucun doute sur l'intention du législateur « Les juges ne pourront à peine de forfaiture troubler, de quelque manière que ce soit, les *opérations des corps administratifs…* » (loi des 16-24 août 1790, titre 11, art. 3). Les *opérations des corps administratifs*, ce ne sont pas seulement les actes de puissance publique proprement dits, ce sont les actes d'exécution, par conséquent de gestion. Et l'on sait bien, d'ailleurs, que la préoccupation des Constituants était d'assurer le fonctionnement des services, d'empêcher que le pouvoir judiciaire n'entravât la marche des services. — Voilà un texte dont il est difficile de se débarrasser à moins que l'on n'avoue franchement que désormais le principe de la séparation des pouvoirs plane sur notre droit public en dehors de toute espèce de texte. Je comprends que l'on ait affaibli la portée de la loi du 16 fructidor an III : « défenses itératives sont faites aux tribunaux de connaître des actes d'administration de quelque espèce qu'ils soient ». Parmi les actes d'administration il y a les actes relatifs au domaine privé qui, évidemment, ne comportent pas de puissance publique (encore pourrait-on se demander si ce sont bien des actes d'administration et s'il ne conviendrait pas de les écarter parce qu'ils n'en sont pas, sans porter atteinte par conséquent à la loi de fructidor an III). Mais affaiblir la portée d'un texte qui parle des opérations des corps administratifs, cela n'est pas permis[24].

Ainsi, quand nous prenons la gestion dans son sens très juridique de collaboration, elle justifie la compétence administrative par des raisons tirées de l'histoire du droit, quand nous la prenons dans son sens politique d'exécution du service public, elle la justifie par la signification politique du principe de la séparation des pouvoirs.

Il n'y a pas lieu de s'arrêter à cette objection de sentiment qu'il serait fâcheux de renforcer la compétence administrative, qu'il vaudrait mieux au contraire développer la compétence judiciaire. Je renvoie aux excellents plaidoyers qui ont été faits dans ces derniers temps en faveur de la juridiction administrative[25]. J'ajoute qu'il importe peu que celle-ci ait ou non beaucoup d'affaires, que les seules réformes importantes sont : 1º des règles de compétence simples ; 2º une bonne organisation de la juridiction[26].

Il n'y a pas lieu non plus de s'embarrasser des nombreuses exceptions que consacrent les textes. Une doctrine rationnelle fortement établie a toujours raison des textes injustifiables, elle en amène la modification.

2º Reste à déterminer le domaine de la compétence judiciaire. M. Laferrière a posé le principe d'une interprétation bilatérale de la séparation des pouvoirs ; il a affirmé que l'autorité judiciaire avait, elle aussi, son indépendance, son compartiment réservé, qu'elle était la gardienne de certains droits de l'individu qui s'opposent comme une limite à l'action de la puissance publique. J'accepte ces données que je trouve très justes et j'espère que les idées remuées à l'occasion de cette théorie de la gestion vont nous permettre de les organiser d'une manière satisfaisante[27].

Il faut partir de là que la compétence judiciaire est destinée à protéger un pouvoir privé, de même que la compétence administrative est destinée à protéger la puissance publique. L'autorité judiciaire ne saurait être comptée comme un pouvoir dans l'État si elle n'a pas derrière elle une force dont elle est l'organe et l'expression. Si les tribunaux administratifs ont derrière eux toute la puissance publique, il faut bien admettre que l'autorité judiciaire a derrière elle toute la force des intérêts privés des administrés et que c'est au nom de cette force qu'elle demande un certain partage du contentieux. Reste à savoir quelle est la forme sous laquelle se présente ce pouvoir des intérêts privés, sous laquelle il affronte la puissance publique et lui lient tête, sous laquelle par conséquent il revendique la compétence judiciaire.

A mon avis, c'est la forme propriété. Les droits individuels des administrés réalisent leur maximum de résistance à l'action de la puissance publique en tant qu'ils atteignent la forme d'un droit de propriété sur un objet. Peu importe d'ailleurs l'espèce de cette propriété, qu'elle soit immobilière ou mobilière, que son objet soit corporel ou incorporel ; que ce soit la propriété d'une maison, d'un certain état civil, d'un brevet d'invention, d'un journal, d'un office, etc. ; il peut y avoir des nuances et des degrés dans la protection[28], mais il se produit toujours ce fait dont le caractère est vraiment absolu, c'est que tout conflit sur l'existence même du droit ou sur la valeur juridique des actes de la vie privée qui constituent l'exercice du droit, forme question préjudicielle et doit être renvoyé à l'autorité judiciaire. On est fondé à établir un parallèle entre le contentieux de l'interprétation des actes administratifs, entièrement réservé à la compétence administrative, et le contentieux de l'existence du droit de propriété ou celui des questions d'état ou celui de l'interprétation des contrats de droit commun[29]. Chacun de ces deux contentieux est relatif à l'existence et à la manifestation juridique d'un pouvoir envisagé d'après ses règles constitutives propres; or, ces deux contentieux se font vis-à-vis, ils sont le pendant l'un de l'autre, c'est donc que le pou- voir de la propriété privée est l'exact pendant de la puissance publique.

Au premier abord, on peut s'étonner que la force de résistance de l'administré vis-à-vis de l'administration ne se trouve pas principalement dans la liberté pure et simple, dans tous ces droits individuels consacrés par l'ensemble de notre droit public, dans la liberté de conscience, la liberté du travail, la liberté du commerce, la liberté de l'enseignement, celle de la presse, etc., qu'elle réside plutôt dans les propriétés spéciales engendrées par ces divers modes de la libre activité. Pourquoi par exemple la liberté du travail est-elle moins protégée en elle-même contre les entreprises administratives que la propriété industrielle ou la propriété littéraire nées du travail[30] ? pourquoi la liberté de la presse n'a-t-elle été vraiment garantie que lorsque le journal créé en vertu de cette liberté et devenu objet de propriété, n'a plus pu être supprimé par voie administrative[31] ?

A la réflexion on perçoit la raison, c'est que réellement en un objet de propriété le droit acquiert son maximum de force par cela même qu'il se concentre en une chose et se retire des relations humaines qui ne font que le limiter ; c'est que la propriété est par elle-même un accumulateur du droit et du pouvoir[32].

On n'applique généralement ces observations qu'à la propriété née de l'occupation du sol ou de la possession des meubles, on ne songe pas assez que d'autres formes d'activité constituant l'exercice d'autres libertés peuvent aboutir à cette accumulation de pouvoir en des propriétés spéciales.

En somme, et sans avoir à poursuivre plus loin cette analyse, la forme propriété lorsque des droits peuvent la revêtir est la plus absolue de toutes et par conséquent celle qui renferme le plus de pouvoir. Son pouvoir se manifeste dans les relations privées, il s'affirme aussi à l'encontre de la puissance publique. L'histoire nous enseigne que dans l'organisation politique la propriété privée est l'éternel partenaire de la puissance publique ; qu'il n'y a guère que deux formes politiques essentielles, du jour où les hommes sont arrivés à la propriété privée, la forme féodale où la propriété est unie au pouvoir politique, la forme de l'État puissance publique où elle en est séparée. La propriété privée sous ses formes multiples se dresse donc en face de la puissance publique, elles constituent l'un et l'autre pôle du monde administratif, c'est elles qui vont s'affronter ; cette société, que l'administration contracte avec l'administré, d'où vont découler des rapports juridiques et naître des contentieux, nous devons la considérer comme établie surtout entre la puissance publique d'une part et, d'autre part, l'administré propriétaire[33].

Toutefois, comment l'autorité judiciaire pourra-t-elle obtenir quelque compétence dès qu'il y aura rapports établis entre la puissance publique et la propriété[34] ? Que ce soient des rapports de puissance publique proprement dits ou des rapports de gestion, qu'il s'agisse de relations de voisinage ou de relations de collaboration, nous savons que le contentieux ne se crée que par un acte de l'administration qu'il faut attaquer par un recours porté devant un juge administratif, un acte que l'autorité judiciaire est incompétente pour apprécier, et dont il lui est interdit d'entraver l'exécution[35]. Dès lors, dans quels cas limités l'autorité judiciaire sera-t-elle saisie ? Il y en a trois.

a) D'abord, si des mesures d'apparence administrative sont totalement illégales parce qu'elles ne font pas partie des procédures régulières et si elles ont porté atteinte à la propriété, il y a *voie de fait* ; l'autorité judiciaire est compétente pour restituer la propriété dans ses droits et allouer des indemnités s'il y a lieu (conflits, 2 juillet 1898, *Trani*), et même pour empêcher la voie de fait par une décision en référé (conflits, 28 janvier 1899, *maire de Périgueux, Rev. d'adm.*, 99, 1, 429) ; dans cette hypothèse donc l'opération peut être entravée. La voie de fait existe dans deux séries de cas : 1° si l'acte a été accompli par un agent qui n'avait pas délégation régulière de la puissance publique, qui avait usurpé ses fonctions ; 2° si l'acte, quoique accompli par un agent administratif, est en dehors des procédures légales de l'administration ; par exemple, si au lieu d'employer la procédure légale de l'expropriation, ou bien cette autre procédure légale de la démolition du bâtiment menaçant ruine, un maire faisait purement et simplement démolir un bâtiment pour élargir une rue ; ou bien si un entrepreneur de travaux publics départementaux commençait à construire sur la place publique d'une ville sans qu'il y ait eu entente amiable ou expropriation (espèce de la décision *maire de Périgueux*[36]).

b) En second lieu, si des procédures légales de l'administration visant l'exécution d'un service public et non pas directement la dépossession d'un objet de propriété, ont cependant en fait et accessoirement entraîné une dépossession provisoire, après l'exécution de la mesure, les intéressés peuvent demander à l'autorité judiciaire la réintégration dans leur possession et dans leurs droits et même une indemnité s'il y a lieu[37]. Ici le bénéfice de l'exécution provisoire appartient à la puissance publique, mais la propriété prend sa revanche immédiatement après et se fait restituer dans ses droits. On peut appeler cette théorie celle de la *dépossession provisoire indirecte*[38].

c) Enfin, si d'une procédure légale de l'administration. il résulte directement ou indirectement une expropriation, c'est-à-dire une *dépossession définitive* du propriétaire avec attribution des avantages de la propriété à l'administration, le fait de l'expropriation suffit à rendre l'autorité judiciaire compétente, non plus pour prononcer la restitution de la propriété, car on est en présence de l'irréparable, mais pour statuer sur une indemnité d'expropriation.

Le point de départ de la théorie de l'expropriation directe ou indirecte se trouve dans la réglementation nouvelle de l'expropriation pour cause d'utilité publique établie d'après les principes révolutionnaires. On peut dire que la propriété privée a fait, elle aussi, sa révolution et qu'elle a obtenu sa charte. Ce n'est que la loi du 8 mars 1810 qui a formulé la règle de la compétence judiciaire pour le contentieux de l'expropriation et l'on sait que la procédure de l'opération n'a été définitivement fixée que par la loi du 3 mai 1841, mais dès l'art. 17 de la déclaration des droits annexée à la constitution des 3-14 septembre 1791, le principe était virtuellement posé. Du jour où il fut proclamé ceci : « la propriété étant un droit inviolable et sacré, nul ne peut en être privé, si ce n'est lorsque la nécessité publique légalement constatée l'exige évidemment et sous la condition d'une juste et préalable indemnité », de ce jour-là, l'expropriation cessa d'être une opération de gestion administrative ; elle ne fut plus envisagée par rapport à l'administration, mais par rapport à la propriété ; il s'opéra un renversement des rôles, jusque-là elle avait été un incident des travaux publics, désormais elle fut une opération spéciale se suffisant à elle-même et dont l'objet fut le règlement de *la juste et préalable indemnité*. Remarquons, en effet, que nous sommes en dehors des principes de la gestion. Dans la gestion le préalable appartient à l'action administrative, tant que l'expropriation avait été matière de gestion, l'indemnité avait été postérieure à la prise de possession par l'administration. Avec le principe révolutionnaire *le préalable* devient la prérogative de la propriété privée, c'est le paiement de l'indemnité qui doit être préalable à la prise de possession. La situation est l'inverse de celle de la gestion, elle est essentiellement privée et la compétence judiciaire en découle comme un corollaire naturel.

Ce caractère judiciaire de l'opération n'existe que s'il y a expropriation complète, dépossession définitive ; outre que c'est le seul cas prévu par les textes fondamentaux, c'est le seul aussi où la solution soit logique. Tant que le propriétaire conserve pour lui quelque utilité directe de sa propriété, on peut interpréter comme conséquences d'une collaboration forcée les mutilations ou les servitudes que la puissance publique lui impose et on retombe dans le contentieux de la gestion[39]. Le seul cas où l'on ne puisse faire intervenir l'idée de la gestion et de la collaboration est celui où la propriété privée est complètement anéantie, car là où l'un des collaborateurs est supprimé il n'y a plus collaboration. Or, n'oublions pas que la propriété est le véritable pouvoir privé qui collabore avec l'administration.

La théorie de l'expropriation, avec la compétence judiciaire qu'elle entraîne, fut étendue d'abord sous le nom *d'expropriation indirecte* soit par la loi, soit par la jurisprudence, à une première série d'hypothèses, où il s'agit d'opérations administratives dont l'effet normal est la dépossession définitive ou bien dans lesquelles la dépossession définitive résulte d'événements irréparables ; dans toutes ces hypothèses il n'existe au profit de l'intéressé absolument que l'action en indemnité[40].

Elle a reçu depuis une extension plus originale connue sous le nom de *théorie des recours parallèles*. Dans des hypothèses où des décisions administratives ont été rendues dont l'effet normal n'est point d'entraîner dépossession définitive, mais qui en fait ont réalisé une incorporation au domaine de l'administration, on tend à admettre que l'intéressé a le choix ou d'user des moyens que lui offre le contentieux administratif, soit pour l'annulation de la décision, soit même pour l'obtention d'indemnités fondées sur le préjudice, ou de réclamer une indemnité par la voie judiciaire en se fondant sur la dépossession définitive ; c'est-à-dire que la propriété privée acquerrait ici le droit suprême de se déclarer elle-même expropriée à sa volonté. Du moment où l'intéressé opterait pour la voie parallèle de l'action judiciaire, l'autorité judiciaire deviendrait compétente pour tous les éléments de l'indemnité et notamment pour apprécier l'opération administrative envisagée uniquement au point de vue de l'indemnité[41]. Comme cette théorie est renfermée dans les limites de l'expropriation et de la dépossession définitive, je n'y vois, pour ma part, aucun inconvénient théorique[42], j'y verrais plutôt cet avantage qu'elle pose admirablement, dans sa conséquence ultime, le droit de la propriété privée en face du droit de la puissance publique.

FIN.

1. ↑ V. A. Kammerer, *La fonction publique d'après la législation allemande*, Paris 1898, p. 66 et s.
2. ↑ Perriquet, *Les contrats de l'État*, Paris, 1884, p. 444 ; — Dareste, *La justice administrative*, 1re édit., p. 372.

    En Allemagne, la théorie du louage d'ouvrage est déjà ancienne et abandonnée depuis longtemps, celle du mandat également, Cfr. Kammerer, *op. cit.*, p. 69, 71.

3. ↑ Von der Becke, *Von den staatsämtern und staatsdienern*, 1797 ; — Meisterlin, *Die Verhältnisse der staatsdiener*, etc. 1838 ; — Schmitthenner, *Grundlinien des allgemeinen oder idealen staatsrechtes*, 1845 ; — Seydel, *Bayerisches Staatsrecht*, Munich, 1896, II, p. 182 et s. ; — Laband, *Staatsrecht des deutschen Reichs*, I, p. 386 et 394 ; — Stengel, *Staatsrecht des Königreichs Preussen*, Marquardsen, 2e édit. 1894, III, 2 § 38 p. 137 ; — Gareis, *Allgemeine Staatsrecht*, Marquardsen, 1re édit. 1884, I, 1 § 64 p. 166 ; — Gaupp, *Württembergisches Staatsrecht*, Marquardsen, 2e édit., 1895, III, 2, § 45, p. 140 ; — Sarwey, *Staatsrecht des Königreichs Württemberg*, 1883 ; II, p. 276 ; — Rehm, *Die rechtliche natur des staatsdienstes nach deutschem staatsrecht*, dans les *Annalen des deutschen Reiches* de Hirth, Munich, année 1884.

    Cfr. Kammerer, *op. cit.*, auquel ces citations sont empruntées, p. 76 et s., et qui adopte lui-même la théorie du contrat de service public.

4. ↑ G. Meyer, *Deutsches staatsrecht*, 4e édit., 1895 ; — Rönne, *Staatsrecht der Preussischen monarchie*, 4e édit., 1883, III ; — Zorn, *Staatsrecht des deutschen Reiches*, 2e édit., 1895, I. — Cfr. M. Larnaude, professeur de droit public à l'université de Paris à son cours ; Kammerer, *op. cit.*, p. 87 et 93.
5. ↑ Kammerer, *op. cit.*, p. 93. On remarquera que cette discussion sur la nécessité d'un élément formel dans le contrat n'est autre que la querelle sur la nécessité de la *causa civilis* chère à nos romanistes de l'école de

Ducaurroy, Pellat, etc. — Ce qui prouve qu'ils n'avaient point tort d'y attacher de l'importance.
6. ↑ Kammerer, *op. cit.*, p. 96.
7. ↑ *Eod.*
8. ↑ M. Cahen, *Revue du droit public*, sept. 1897 : *la nature juridique du concordat* et les auteurs qu'il cite.
9. ↑ Je ne dis pas a qui est en fait réglée par la loi ou qui procède de la loi », parce que je considère la situation d'état comme engendrant au contraire la matière de la loi.
10. ↑ Cfr. un intéressant passage de M. Esmein, *Droit constitutionnel*, 2e édit., p. 754.
11. ↑ V. les auteurs cités à la p. 65, note 3. — Cfr. mon *Précis de droit admin.*, *3e édit., p. 685*.
12. ↑ J'ai plusieurs fois déjà signalé le péril fiscal et l'inconvénient des doctrines qui hâtent son événement en civilisant le droit administratif (V. mon *Étude sur le droit administratif*, n° 37, Paris, Dupont, 1897, et mon *Précis*, 3e édition, p. 324). C'est une de mes préoccupations et elle serait partagée par beaucoup de gens si les études de *Science des finances* étaient plus répandues. Aussi ai-je été heureux de l'œuvre magistrale que vient de publier M. G. Platon, *La démocratie et le régime fiscal*, Paris, 1899. Les esprits sérieux qui liront ce travail bourré de faits s'instruiront, ils verront comment sombrent une à une les libertés publiques dans les démocraties qui savent mal aborder le problème de la finance publique, qui inclinent trop du côté de l'impôt direct et qui laissent se constituer un fisc ; ils verront par quelle lente décadence le sénat municipal, l'organe politique, devient la curie, c'est-à-dire l'organe financier, esclave lui-même de l'impôt. Dans une certaine mesure il y a quelque chose de fatal dans cette évolution, l'importance prise par l'argent, l'augmentation de la dette publique, sont des faits contre lesquels on ne peut pas complètement réagir. Mais il y a aussi une part de volonté et on peut toujours bien ne pas laisser se propager des doctrines de droit public qui seraient de nature à précipiter le mouvement.
13. ↑ Il faut consulter ici la théorie du conflit qui protège tous les agents du gouvernement quand ils sont poursuivis personnellement pour fait dommageable commis dans le service ; ou encore la théorie de l'outrage ou de la diffamation envers les fonctionnaires publics (V. une note de M. Roux dans Sirey, 1897, 1, 473) et enfin la théorie de la délégation de la puissance publique et de la procuration d'action (V. Macarel, *Trib. adm.*, p. 14 et s. ; E. Laferrière, *Jur. adm.*, 2e édit., t. II, p. 500 et s.).

14. ↑ J'avais été amené dans des études précédentes à tenter une distinction entre les divers services administratifs au point de vue du degré de puissance publique qu'ils contiennent et j'avais cru que certains services n'en contenaient pas du tout, celui des colis postaux par exemple (Sirey, 93, III, 17 ; 96, III, 113 ; *Précis*, 3ᵉ édit., p. 237). Je renonce à cette opinion. Une décision récente du conseil d'Etat me paraît tout à fait dans le sens de la proposition avancée au texte (C. E. 20 mai 1898 *Gaillarde*, *Rev. d'administration*, 1898, II, 394).
15. ↑ A. Mestre, *De l'autorité compétente pour déclarer l'État débiteur*. Paris, Rousseau, 1899, p. 46. En effet si une maison appartenant à une commune doit être affermée, il interviendra d'abord une décision de principe du Conseil municipal (Cfr. mon *Précis*, 3ᵉ édit., p. 802).
16. ↑ Cfr. mon *Précis*, p. 289.
17. ↑ J'espère qu'on ne verra pas de contradiction entre cette affirmation et cette autre qu'il y a de la puissance publique dans tous les services publics (p. 73), puisque justement l'acte de personne privée n'est pas fait en vue d'un service public, mais en vue du domaine privé.
18. ↑ The executive and the courts : political science quaterly 1886, p. 557 et s., cité par M. Laferrière, I-X.
19. ↑ *Revue politique et parlementaire*, 1897, p. 274.
20. ↑ V. Laferrière, *La juridiction administrative, introduction* ; Michoud, *op. cit.* ; Barthélemy, *Les droits subjectifs des administrés*, p. 41 et s.
21. ↑ Paris, 1899. V. not. p. 107, p. 143, p. 162.
22. ↑ *Conférences sur le droit administratif*, 1885, I, p. 485 : « la question aurait pu être résolue d'une manière très simple, très logique et peut être conforme à la pensée qui inspirait l'assemblée constituante de 1789. On aurait pu dire que tout acte fait par l'autorité administrative, comme puissance publique, en vue de la gestion d'un service public, ne peut être discuté que devant la juridiction administrative. En effet, ce que l'Assemblée constituante a voulu, en posant le principe de la séparation des pouvoirs, c'est qu'un service public ne put pas être entravé par l'intervention de l'autorité judiciaire. On n'aurait ainsi renvoyé à cette autorité, dans le silence des textes, que les difficultés relatives aux actes où l'administration figure comme propriétaire, dans les mêmes conditions que les simples particuliers et pour lesquels elle se conforme aux règles du droit civil. Mais cette pensée, qui semble avoir été à diverses reprises celle du conseil d'État jusqu'à une époque encore peu éloignée, n'a pas complètement prévalu. »

« On peut voir une partie des fluctuations de la jurisprudence du conseil d'État dans un savant travail de M. Boulatignier sur les baux administratifs qui remonte à 1847. — C'est un des articles du *Dictionnaire général d'administration,* publié sous la direction de M. Alfred Blanche. »

23. ↑ Ce ne sont pas seulement les nouvelles recrues du droit administratif qui poussent à la désertion du contentieux ordinaire, ce sont aussi des vétérans comme M. Laferrière, et on a le droit de s'en montrer surpris, *Traité de la juridiction admin.*, 2e édit., t. I, p. 8.

24. ↑ La constitution du 3 sept. 1792, art. 3, ch. V, tit. III, vise elle aussi évidemment les opérations d'exécution : « les tribunaux ne peuvent entreprendre sur les fonctions administratives ou citer devant eux les administrateurs pour raison de leurs fonctions ».

25. ↑ Laferrière, *Traité de la juridiction administrative*, 2e édit., préface et livre préliminaire ; Michoud, *Les conseils de préfecture, op. cit.* ; Dareste, *La justice administrative*, 2e édit., 1898 ; Aucoc, *La justice administrative*, annales des sciences politiques, 15 nov. 1898.

26. ↑ A ce point de vue, contrairement aux conclusions de M. Jacquelin dans ses principes dominants du contentieux administratif, p. 167 et s., je persiste à croire que la confusion partielle qui existe chez nous entre l'administration consultative et la juridiction est un principe excellent. Quand on allègue qu'elle risque d'aboutir a à la négation du droit » (*Eod.*, p. 172), j'imagine qu'on fait une confusion : à la négation du droit civil peut-être, mais pas à celle du droit administratif. Au contraire, le caractère mixte de cette juridiction est un gage de l'évolution progressive du droit administratif, j'en ai déjà donné ailleurs la raison, c'est que le droit administratif ne peut guère progresser que par des concessions de l'administration et que notre juridiction administrative facilite ces concessions, car elle est dans une certaine mesure l'administration elle-même ; elle est « l'instrument naturel des concessions, des abandons des privilèges administratifs » cela est vrai dans la théorie du recours pour excès de pouvoir et ne l'est pas moins dans celle de la gestion (Cfr. mon *Précis*, 3e édit. p. 838).

27. ↑ Laferrière, *op. cit.*, I, p. 471 et s. ; 514 et s. ; II, 538 ; Ducrocq, *Cours de droit administratif*, 7e édit., II, p. 13. Les formules par lesquelles ces auteurs ont essayé de préciser le principe sont restées trop vagues et par là ont donné prise à des critiques. M. Ducrocq allègue que « l'autorité judiciaire est à la fois gardienne du droit de propriété et de la sécurité, de la liberté et de l'état de personnes » ; M. Laferrière fait une énumération des questions d'état, des questions de propriété, des questions de droits individuels qui n'est point bien convaincante. L'idée génératrice unique

n'a pas été trouvée. V. pour les critiques : Brémond, *Compétence administrative*, n° 253 ; Jacquelin, *Principes du contentieux*, p. 97 et s. ; Barthélemy, *Les droits subjectifs des administrés*, p. 84 et s.

28. ↑ La procédure de l'expropriation ne s'applique qu'à la propriété corporelle immobilière ; les propriétés bâties et souvent les enclos y attenants jouissent de privilèges, en matière d'application de plans d'alignements, on matière d'occupation temporaire, en matière de redressements de cours d'eau, etc. etc.

29. ↑ Il n'y a, je crois, aucune difficulté à considérer les droits constituant l'état des personnes ou la capacité comme aboutissant à des formes de propriété. La liberté civile n'est-elle pas l'entière propriété de soi-même ? La capacité n'est-elle point la propriété de telle ou telle personnalité juridique ou de tel droit? ne dit-on pas des personnes morales qu'elles possèdent. ou ne possèdent pas la personnalité juridique? Sans doute il paraît singulier que la personnalité juridique, sujet de droits, puisse être considérés comme objet d'un droit de propriété; mais tout dépend des points de vue et le Droit est plein de ces anomalies apparentes; à plus forte raison le domicile apparaît-il comme un objet de propriété ; - pour ce qui est des contrats ou des obligations de droit commun, le Code civil lui-même les rapporte à la propriété, il en fait des modes d'acquérir ou des modes d'exercer la propriété : Cfr. sur ce point mon article sur l'*influence exercée par les Institutes en matière de classification du droit. Revue critique*, 1887, *in fine*.

30. ↑ Le préjudice causé par une atteinte à une liberté individuelle envisagée en elle-même ne peut jamais donner lieu à indemnité que par la théorie administrative des dommages ou des préjudices causés dans la gestion des services publics qui entraîne compétence administrative ; tandis que l'atteinte à une propriété caractérisée peut donner lien directement à une indemnité demandée aux tribunaux civils, spécialement l'atteinte portée à une propriété industrielle donne action devant le tribunal civil (C. E. 31 juillet 1896, *Carré*). V. *infra*.

31. ↑ On sait qu'un journal ne peut plus être supprimé que sous le régime de l'état de siège, par application de la loi du 9 août 1849, art. 9, § 4.

32. ↑ On pourrait invoquer des considérations dynamiques dont je m'abstiens ici : dans la propriété il y a une force qui, après avoir été à l'état de mouvement, engagée dans un travail, se reconstitue à l'*état de puissance*, brise les liens qui provenaient de la coopération inhérente à tout travail et devient par là absolue.

33. ↑ Si l'on explorait méthodiquement les matières de police dans le but de rechercher les droits contenus dans la Police, ce que la puissance

publique a le droit de commander ou d'interdire, on constaterait je crois que l'arbitraire n'a été sérieusement combattu que dans les prescriptions de police qui concernent la propriété (Cpr. notes dans Sirey, 98, 3, 145 et 99, 3, 1). D'autre part, les lois administratives tendent à garantir de plus en plus la propriété, la loi de 1892 sur l'occupation temporaire et celle de 1898 sur le régime des eaux sont remarquables à ce point de vue.

34. ↑ Il ne s'agit plus ici du contentieux des questions préjudicielles où la propriété est envisagée dans ses éléments constitutifs, abstraction faite de ses rapports avec l'administration.

35. ↑ Même à l'encontre de la propriété, les mesures édictées au nom de la puissance publique doivent s'exécuter, à la condition quelles soient légales, alors même qu'elles entraîneraient une dépossession provisoire, et sauf aux intéressés à faire valoir au fond leurs droits de propriété devant les tribunaux judiciaires après que la mesure aura été exécutée pour se faire réintégrer dans leurs droits. Ainsi l'autorité judiciaire ne peut pas, par la voie du référé, maintenir ou rétablir en possession provisoire d'un local l'occupant expulsé par voie administrative, alors même qu'il invoquerait un droit de propriété, d'usufruit ou d'habitation. La mesure administrative doit avoir le bénéfice de l'exécution provisoire.

Ces principes ont été établis par le tribunal des conflits, tant à l'occasion de l'exécution des décrets du 29 mars 1880 (conflits, 5 nov. 1880, *Marquigny* (1re espèce), *Bouffier* (2e espèce) ; qu'à l'occasion des laïcisations d'écoles publiques (conflits 14 janv. 1880, *frères de Brignoles* ; *frères d'Alais* ; 13 janv. 1883, *Sœurs de la charité* ; 14 avr. 1883, *Sœurs de la Providence* ; 12 avr. 1889, *frères des écoles chrétiennes*; 26 mars 1898, *école de filles de Saint-Donan*. Cfr. note dans Sirey, 1899, 3, 33.

36. ↑ Ainsi l'illégalité contenue dans la voie de fait se distingue de celle qui est contenue dans l'excès de pouvoir en ce que, dans le premier cas, l'administration commet l'illégalité d'agir en dehors des procédures consacrées, tandis que dans le second cas elle commet des illégalités tout en agissant par les procédures consacrées. Dans le premier cas, comme il n'y a pas procédure administrative, c'est-à-dire en somme opération administrative, il y a compétence judiciaire ; dans le second, comme il y a procédure administrative, il y a compétence administrative.

Je crois cette définition de la voie de fait par la procédure préférable à celle que M. Laferrière a essayé de donner par la nature de l'acte (*op. cit.*, I, p. 479) et qui prête beaucoup à la critique (V. Barthélémy, *op. cit.*, p. 87).

37. ↑ V. les décisions citées à la note 3 de la p. 87.
38. ↑ Il faut, pour que cette théorie puisse être invoquée : 1° que la procédure de l'administration ait été légale ; si elle était totalement illégale on retomberait dans la théorie de la voie de fait ; 2° que la mesure administrative n'ait entraîné qu'une dépossession provisoire, si la dépossession était définitive on tomberait dans la théorie de l'expropriation directe ou indirecte ; 3° que la dépossession provisoire ne soit pas elle-même le but directement poursuivi par l'administration, car autrement ou bien elle est une opération légale et connue, comme par exemple l'occupation temporaire en matière de travaux publics, ou bien elle est totalement illégale et constitue une voie de fait.
39. ↑ C'est pourquoi le contentieux de l'occupation temporaire en matière de travaux publics et celui des dommages permanents sont restés administratifs, quoiqu'il y ait eu une grande controverse au sujet des dommages permanents tranchée par le tribunal des conflits de 1850 (Conflits, 29 mars 1850, *Thomassin*).
40. ↑ La théorie de l'expropriation indirecte a été appliquée par la loi:1° à la dépossession définitive qui résulte de l'application des plans d'alignement en cas d'élargissement de la voie publique ; 2° à celle qui résulte des décisions des commissions départementales fixant la largeur des chemins vicinaux ; 3° à celle qui résulte en certains cas de l'établissement des lignes télégraphiques et téléphoniques; 4° à celle qui résulte d'une occupation temporaire en matière de mines prolongée pendant plus d'une année. Elle a été étendue par la jurisprudence au cas d'un terrain incorporé en fait et par erreur à un ouvrage public (conflits, 26 mai 1894, *de Gasté* ; 29 juin 1895, Sanières, cfr. Léchalas, *Manuel de droit adm.*, t. II, 2ᵉ partie, p. 159.
41. ↑ On sait que la théorie des recours parallèles est née à l'occasion des actes de délimitation des rivages de la mer et des fleuves. Je ne raconterai pas ici les péripéties et les revirements de jurisprudence auxquels elle dut sa formation (V. Laferrière, *op. cit.*, t. I, p. 544 et s. ; Mon *Précis*, 3ᵉ édit., p. 656). Elle est admise par le tribunal des conflits depuis déjà un quart de siècle (conflits, Paris-Labrosse, 11 janv. 1873 ; Guillé, 1ᵉʳ mars 1873). Bien qu'elle ait été attaquée très violemment et qu'elle présente de réels inconvénients pratiques (Cfr. Léchalas, *Manuel de droit adm.*, t. II, 2ᵉ partie, p. 189 et s.), j'estime qu'elle continuera à se développer car elle répond à un besoin supérieur que M. Laferrière a parfaitement formulé qui est d'aérer le contentieux administratif, de donner un peu plus de jeu à la compétence judiciaire. Je sais bien que l'art. 36 de la loi du 8 avril

1898 relatif à la délimitation des fleuves est venu verser un document nouveau au débat et que, surtout si on l'interprète par les travaux préparatoires, il semble hostile au recours parallèle. M. H. Berthélemy a vigoureusement plaidé cette thèse dans un article récent (*La question de la délimitation des fleuves et rivières, Revue générale d'administration*, 1899, I, 385 ; en sens contraire, Bouvier, *La délimitation du domaine public fluvial, Revue critique*, 1899, n°s 1 et 2). Mais les travaux préparatoires sont facilement noyés, le texte n'est pas décisif, la jurisprudence me paraît trop engagée pour reculer. De fait, le tribunal des conflits par une décision du 10 déc. 1898, *Gaston*, postérieure à la loi du 8 avr. 1898, a persisté dans sa jurisprudence antérieure sur une question de délimitation de terrain bordant un fleuve (*Revue d'adm.*, 1899. 1. 292) et le conseil d'État lui-même est entré dans la voie du recours parallèle avec une singulière hardiesse dans le cas d'une atteinte portée à un brevet d'invention par des agissements de l'administration, c'est-à-dire qu'il a étendu la théorie à la propriété industrielle (C. E. 31 juill, 1896, *Carré*). Cette dernière décision est bien intéressante : « considérant que la requête des sieurs Carré tend, en réalité, à la réparation du préjudice que leur aurait causé le ministre de la Guerre en mettant au concours la fourniture d'accumulateurs de pression pour le filtrage de l'eau, d'après un système dont ils seraient les inventeurs brevetés. — Considérant, que la décision et les actes déférés au Conseil d'État ne font obstacle, ni à ce que les sieurs Carré fassent prononcer par l'autorité judiciaire sur les droits qu'ils prétendent tenir de leur brevet et sur les conséquences directes de l'atteinte qui aurait été a portée à ces droits, ni à ce qu'ils saisissent de leur demande d'indemnité le ministre de la Guerre comme étant pécuniairement responsable envers a eux des faits et actes accomplis par ces agents en vue d'assurer un service public... ». Ainsi, deux voies parallèles sont nettement indiquées qui, chose remarquable, tendent toutes les deux à l'indemnité : la voie judiciaire on l'indemnité sera obtenue comme conséquence directe de l'atteinte portée à la propriété industrielle ; la voie du contentieux administratif (après que le contentieux aura été créé par une décision du ministre) où l'indemnité sera obtenue comme conséquence d'un préjudice administratif. Jusqu'ici les recours parallèles n'avaient pas le même objet, l'action judiciaire n'existait qu'à côté du recours contentieux en annulation ; désormais elle existe à côté du recours contentieux ordinaire et elle peut avoir le même objet que lui. La voie parallèle, ouverte d'abord dans des matières de puissance publique, s'introduit dans les matières de gestion, mais elle n'existe toujours qu'au cas d'atteinte à la propriété équivalant à expropriation.

42. ↥ En effet, les matières de gestion restent intactes et notamment les actions en indemnités pour dommages causés par l'administration dans le fonctionnement des services publics demeurent acquises à la compétence administrative toutes les fois qu'il ne s'agit pas d'une indemnité pour la dépossession définitive d'une propriété (Cfr. Mon *Précis*, 3e édit., p. 657, note 1. *Adde* la note précédente).